IMPLEMENTATION:
How to Transform
Strategic Initiatives
into
Blockbuster Results

如何将战略举措转化为卓越成果

战略执行

[美] 艾伦·P.布拉奇 （Alan P. Brache）

[美] 山姆·鲍德利-斯科特 （Sam Bodley-Scott） 著

王翔 ◎ 译

人民东方出版传媒
东方出版社

图书在版编目（CIP）数据

战略执行：如何将战略举措转化为卓越成果／（美）艾伦·P. 布拉奇（Alan P. Brache），（美）山姆·鲍德利-斯科特（Sam Bodley-Scott）著；王翔 译.—北京：东方出版社，2020.9

书名原文：Implementation：How to Transform Strategic Initiatives into Blockbuster Results

ISBN 978-7-5207-1283-5

Ⅰ.①战…　Ⅱ.①艾…　②山…　③王…　Ⅲ.①企业战略—研究　Ⅳ.①F272.1

中国版本图书馆 CIP 数据核字（2020）第 114395 号

战略执行：如何将战略举措转化为卓越成果
(ZHANLUE ZHIXING：RUHE JIANG ZHANLUE JUCUO ZHUANHUA WEI ZHUOYUE CHENGGUO)

作　　　者：[美] 艾伦·P. 布拉奇（Alan P. Brache），[美] 山姆·鲍德利-斯科特（Sam Bodley-Scott）
译　　　者：王　翔
责任编辑：申　浩
出　　版：东方出版社
发　　行：人民东方出版传媒有限公司
地　　址：北京市西城区北三环中路 6 号
邮　　编：100120
印　　刷：北京市大兴县新魏印刷厂
版　　次：2020 年 9 月第 1 版
印　　次：2021 年 7 月第 2 次印刷
开　　本：710 毫米×1000 毫米　1/16
印　　张：12.5
字　　数：180 千字
书　　号：ISBN 978-7-5207-1283-5
定　　价：50.00 元
发行电话：(010) 85924663　85924644　85924641

版权所有，违者必究

如有印装质量问题，我社负责调换，请拨打电话：(010) 85924602　85924603

目　录

I

前　言

对于"结果导向型"组织的任何领导人而言，本书都是一本很棒且非常有用的读物。

《哈佛商业评论》2005年6月的一篇文章（托马斯·达文波特《流程商品化的到来》）称，外包已成为"流程改进"的优选方法。达文波特点出了组织领导人普遍存在、无时无刻不孜孜以求的、想方设法优化业务方式的诉求。

的确，业务流程改进在过去的十多年来一直很流行，也是一个理由充分而颇受欢迎的主题。在当今的竞争格局下，组织有必要"强筋健骨"以应对快速变化的外界环境，如市场、竞争、科技、供应链、政府监管与干预、经济环境，以及对实时变化的资本的获取能力等等。

很显然，如果一个组织对这样的环境状况有深刻的洞察，清晰定义了自身的战略意图，而且战略意图能激发高层，并且获得高层的统一认可，那么，这个组织就具备了竞争优势。进一步，如果该组织还具备将战略成功执行的能力（包括：监控执行中的战略举措；调配与战略举措相关的资源），那么，这个组织就更加了不起了。

这种运用一套严谨的流程去识别、设定优先序，贯彻战略举措的能力，对大多数企业领导者而言，不是与生俱来的，而是要习得的。即便是最具智慧、最富经验、最敬业的领导者，也会倾向于用自上而下的、任务导向的、离散而碎片化的，甚至保守反动的方法去主导这个运动。而严谨的、系统的，如本书所提供的方法，则是一套要靠后天习得的——绝对值得投入时间来掌握的方法。

在当今快速发展的商业世界中，我们往往喜欢追求立竿见影的成效，这就很容易让我们受"先干起来再说"的心态之害。其实，成功的领导者都很清楚，什么对企业是最好的。战略如果没有精心构造并深度沟通，企业的各级经理就只能靠影响力和资源去推动他们的所谓"宠物实验"。这时，各种创意、想法和行动从公司的各个角落涌现出来，快得、多得来不及鉴别好坏——完全失控。而这些与组织优先序毫不相干的、失控的、未获批准的，有时甚至是意图不明的活动，会将组织所急需的时间、资金、能量空耗殆尽。这样做的后果，最轻的，是未能给战略规划与战略举措制定一套强健的流程，而使战略成果低下；最重的，则会导致整个组织的一蹶不振。

很显然，靠一个具凝聚力且充分理解的战略加上若干个有意义的举措，来规避蛮干、盲目地干所导致的销售额、利润和客户满意度受损，是非常值得的。

艾伦·布拉奇与山姆·鲍德利–斯考特将战略定义为"决定组织本质与方向的取舍框架"，或者更简捷地说是"你的游弋之水"。本书并不聚焦于战略的构建，其主要任务在于为企业管理者打下战略举措开发的前导基础。战略与执行是互相依存的，战略为你指明方向，而本书所述的执行，则是让你靠一系列的战略举措来"积跬步以至千里"地抵达战略目的地。

本书的价值在于，它提供了一个框架——一套规范的但往往缺失的流程——用以执行战略。一旦掌握本书所介绍的原则，你必然会规避许许多多经常让战略变革致残的组织过失和疏漏。遵循本书的基本原则，将有助于组织校正、组织聚焦、资源有效利用，实现品牌或业务进化。

本书聚焦于识别、排序以及管理来自于战略的举措，进而构建组织的竞争优势。艾伦和山姆已构建好了一个结构化的、按部就班的方法，用于应对最具挑战性的所谓组织的"本质功能"，那就是：在方向明确而资源有限的前提下管理组织变革。

组织的成功，最终依赖于领导力。本书的写作角度是面向组织高层领导者的。无论组织的大小，如果你的责任是带领组织成功的话，那么，最终的成功不是以你制定了多少份制度文件、主持了多少场会议、表达过多少善意来衡量的。唯一的衡量指标是你达成了多大的成果。本书将帮助你交付成功所需的成果。

赛·泰勒

主席兼 COO

Cracker Barrel Old Country Store

(欧美复古女装品牌，纳斯达克上市公司)

鸣　谢

感谢我们的客户，是他们在自己企业的战略执行之旅中与我们结伴同行，并给予我们测试提炼思想、工具和流程，并最终能以这本书来展现的机会。我们要特别感谢克莱克-拜瑞尔的 Cy Taylor、通用动力的 Linda Hudson、多尔蒙制造的 Stacy Brovitz、可口可乐公司的 Simon Brocket、DAL 集团的 Abdelgadir Khalil、EBF 建筑协会的 John Flanagan、富士电子影像的 Andy Cook、联合制药的 Annette Flynn。

感谢布尔斯特雷特利专家评审组成员，他们富有见地的反馈帮助我们形成和定位了我们的论据。

感谢凯普纳·特里格公司的 CEO，Bruce Keener，是他赞助了出版本书的项目。

感谢凯普纳·特里格公司的同事们，是他们为我们的手稿提供了反馈。特别感谢 Andrew Longman，是他给予我们准确的、客观公正的、富于建设性的批评。

感谢 Judie Morello，她提供了第一流的、快速更新的文本支持。

感谢 Peter Tobia 和 Dale Corey，来自于 Market Access 的文稿代理人，他们帮助我们让文字更精准、表述更洗练。

感谢 Jeanne Glasser，麦格劳希尔出版集团的责任编辑，她积极支持我们的出书计划，并对初稿做出反馈，以及主导整本书的出版发行。

感谢 Manda、Jack、Harry Bodley-Scott，他们是这本书的写作第二梯队。

艾伦·布拉奇

山姆·鲍德利-斯考特

译者序

本书是艾伦·布拉奇继《流程圣经》(*Improving Performance*：*How to Manage the White Space on the Organization Chart*) 及《9 系统组织》(*How Organizations Work*：*Taking a Holistic Approach to Enterprise Health*) 之后，奉献给企业的又一本管理实践力作。

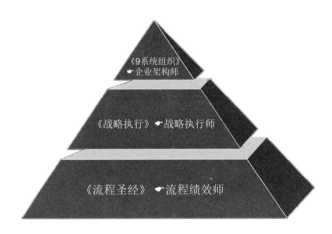

基于一贯的写作风格，这本《战略执行》是又一部富含工具与方法、侧重实操落地的战略执行操作手册。自此，艾伦·布拉奇作为系统学派方法论大家的完整知识体系构型完成。即用《流程圣经》培养将流程作为绩效杠杆的"流程绩效师"；用《战略执行》培养将战略落地为举措，继而确保举措达成预期成果、实现战略目标的"战略执行师"；用《9 系统组织》培养具整体系统格局与思考框架，且掌握系统的方法论及工具的"企业架构师"。

艾伦·布拉奇在《战略执行》中首度提出了战略执行官 SIO (Strategy Implementation Officer) 一职，并提出 SIO 不仅要具备上承战略、下接行动成果的纵贯能力，还要具备将战略举措项目与日常运营无缝衔接、互显互彰的横向协同能力，更要具备纵横捭阖、合纵连横、追求整个组织的系统涌现（emergence）的能力。

艾伦·布拉奇的系统管理学派思想在其于 20 世纪 80 年代末与吉尔里·拉姆勒合著《流程圣经》时初步形成。当时他就提出，对组织的认知不能囿于部门金钟罩式的局部观，而应基于既重视跨金钟罩的横向价值链，又重视组织与环境间物质、信息与能量交换的系统观。随后，在《9 系统组织》中，他完整构建了纯系统论概念的企业认知与管理框架：企业模型（Enterprise Model）。

这部《战略执行》是艾伦·布拉奇任国际知名咨询机构凯普纳·特里戈（Kepner Trego）商业解决方案执行董事时所著。在继承凯普纳·特里戈经典的战略设计学派思想基础上，本书为读者展示了如何将控制论反馈机制引入战略制定与执行闭环的战略系统动力学思想、框架、方法和工具中，对身处当下多变的国际时局，处变不惊、矢志进取的企业与企业家而言，极富现实指导意义。

开卷有益。愿您与您的企业能从此书中获益。

王翔

2020 年 8 月

第 **1** 章

战略执行：
高管毁誉之责

菲利普·伯顿是"哈默史密斯工业"的 CEO[①]，该公司是一家年产值达 5 亿美元的半导体装备设计与制造公司。目前，该公司正面临着严峻的战略挑战。因中东和亚洲两个地区的地缘政治形势日益紧张，导致全球经济陷入不确定性状态。一方面，消费者对个人电脑的需求趋于疲软；另一方面，来自中国台湾的竞争越来越可怕。同时，美国公司以及政府的 IT 消费持续减弱并且对价格越来越敏感。

除了这些外部的压力，菲利普还要全力应付同样重要的、令人生畏的，来自哈默史密斯公司内部的战略挑战。在这届年度战略研讨会上，高管团队决定，公司未来的成功应该倚仗两大竞争优势。而公司尚不具备的这两大优势是"满足客户个性化需求的设备定制能力"和"优质快捷的客户服务"。

菲利普对快速变化的市场环境以及日趋严峻的竞争态势并不恐慌，因为他本就是受雇于解决这类问题的。他也不是对高管团队孤注一掷的战略决策持保留意见。他只是对战略执行的质量和步调感到挫败。自战略研讨会后的六个月以来，他看到的开发流程以及安装流程的进展极其缓慢，而这两个流程对公司所选定的竞争优势的落地执行至关重要。

菲利普曾尝试去找出导致结果不理想的原因。他不认为是愿景不可行导致的，因为愿景是以详尽的调研为基础而深思熟虑得出的。他也不认为是理解不到位的问题，因为一直以来，他不断地向各层员工反复沟通企业愿景，并把愿景与各位员工本职工作的职责与发展方向挂钩。无论在与高层，还是基层的员工沟通中，每当问及"战略是什么"和"战略为什么"时，得到的答案无不令人满意。

---

① 在每一章开头的案例梗概中，为保护隐私，我们一律隐去了公司及 CEO 的真实名号。

他最聪明的人才，往往受繁重的日常工作所累，而没有时间与精力为战略而努力。所以，在不影响销售、生产与交付的前提下，他将许多其他的战术性任务从他们肩上卸了下来。并且，当然也不是钱的问题，菲利普签批了每一笔与战略执行相关的资金请求，包括那些与战略执行相关度并非很高的，甚至是匹配度不那么令人信服的资金需求。

菲利普看到了许多围绕战略执行的所谓"分子热运动"现象：四壁贴满挂图的会议室玻璃，频繁可见各个层级的员工，他们脑袋上的水蒸气随着引导师切换着的幻灯片以及激光笔而冉冉蒸腾。这类活动尽管很频繁，但成果的达成却慢得令人难熬。每当菲利普过问战略执行进展时，人们会立刻找来一堆状态信息，而每当他质询项目里程碑达成情况如何时，人们就会顾左右而言他地答非所问。

他不明白各项受战略执行的横幅口号所驱动的举措缘起何来。尽管每一项举措看起来都高大上，但却看不到这诸多举措能给他所部署的愿景带来什么贡献。

他不知道这些活动会消耗掉多少资源，但可以确定的是，未来的日子自己将受时间与金钱之困。

菲利普的焦虑水平，只在他确信某位或多位高管对当前形势有比自己更可靠的把控时才会降低。遗憾的是，他们都还不行。当要分享自己的愿景和对进度延缓的预判时，每个高管都是只顾眼前的、手头的、局部的"战略执行"图景，没有一位具备整体格局。

菲利普认为自己有需要的人才，但他们却没有正确地聚焦于公司的重大追求之上。他认同，如果没有协调部署的、可控的，且被良好推进的战略举措，愿景无论有多么激人奋进，也不可能实现。终于明白自己"尽管去做"的指令并不会让工作完成。此时的他，可真不知道将来会发生什么了。

战略执行的挑战

菲利普和他的团队或许有，或许没有一个可以确保哈默史密斯能在未来取得成功的愿景。到底是有还是没有，他们自己或许永远也不知道。如果没有严谨的、能驱动战略的流程，无论是董事会，还是后勤部门都很难，甚至无法度量、判断成功。精于设计而疏于执行的战略要比疏于设计而精于执行的战略多得多。譬如：

● 索尼前 CEO 出井伸之，可算是首先洞察到将媒体与电子设备集成之潜力的高管。他打造了索尼的愿景：将内容与硬件打包为成套的娱乐产品向市场交付。也许对索尼来说，这是个错误的战略，但我们永远不知道该战略正确与否。因为出井伸之并未将流程和架构匹配到位以执行这个战略，对隐私权的担忧拖慢了他的战略部署。尽管单凭 Walkman，索尼的一条腿就已经迈入了内容与硬件集成交付的时代，但索尼终究被后来者苹果的 iPod 打得满地找牙。出井伸之在技术标准或定价模式上未能达成共识，也未能在公司内部的"国家大区筒仓"和"部门筒仓"间达成协同。在游戏业务上骄傲得不可一世的索尼，竟然在出井伸之的统率下，对令人着迷的，集电影、音乐与电子设备为一体的产品失去掌控力。①

● 许多人对惠普前 CEO 卡莉·菲奥莉娜整合惠普产品线，以及收购康柏成为个人电脑霸主的战略颇有微词。正如索尼案例一样，我们也永远无法知道她的愿景是否行得通，因为这个战略从未兑现。以强势和超脱而著称的卡

---

① 肯·贝尔森（Ken Belson），"出井伸之未能让索尼聚焦于愿景"（Idei Failed to Get Sony to Focus on His Vision），2005 年 5 月 9 日，《国际先驱论坛报》（*International Herald Tribune*）。

莉，始终未能匹配根深蒂固的企业文化（即"惠普之道"）。她未能就她的"战略是什么、为什么、如何做"这三个方面与员工有效沟通，也没有与那些对战略执行至关重要的人员达成承诺共识，甚至也未将期望值、绩效衡量指标、奖励机制、绩效反馈与战略成果挂钩。[①]

● 安捷伦科技公司系统生成与交付事业部的副总裁兼总经理琳妮·坎普，曾信誓旦旦地要打造出一家全球一体化公司。当其时也，几乎无人质疑，要想达成这个目标，公司的竞争优势该有多强。而严重的跨部门扯皮、迟缓的高层决策（出于恐惧原因而逃避本职工作的责任）、为战略执行所配置的资源失当，以及"讳莫如深"的战略沟通模式，终将安捷伦的战略愿景肢解得破碎不堪。[②]

● 欧盟曾制定了"里斯本战略"，旨在达成一个野心勃勃的使命：通过制定营商友好的、鼓励各成员国经济的政策来构建世界上最具竞争力的经济体。这项崇高的目标之所以未能达成，是因为当战略转译为 28 个目的（objectives）、120 项目标（targets）和 117 项指标（indicators）时被窒息而终。每个成员国因必须提交 300 个报告而被弄得心神不宁、几近瘫痪。对欧洲而言，要将自身构建成全球经济主导，为时并不算晚。它真要做，还是可以做到的，因为它现在定义了聚焦于服务和就业的范围较窄、更易达成的目标。[③]

你若想就此事下注的话，领导力专家会告诉你，差不多 70% 的失败 CEO，其失败原因倒不是愿景有何缺陷，而是未能有效实施愿景。[④] 毫不奇怪的是，

① 韦恩·布喇格（Wagne Bragg），"为什么是卡莉？"（Why Carly），《康涅狄格邮报》（Connecticat Post）2005 年 3 月 1 日文。

② 参见：《哈佛商业评论》2004 年 2 月号迈克尔·比尔和罗素·艾森斯泰特文章"如何坦陈你的商业战略"。

③ 参见：《经济学人》2005 年 2 月 1 日文章"欧洲：里斯本重塑"。

④ 拉姆·查兰（Ram Charan），吉奥弗瑞·科尔文（Geoffreg Colvin），"CEO 为何失败"（Why CEOs Fail），《财富》（Fortune），1999 年 8 月 21 日。

"执行"一词已经成为桃木符咒。

什么是战略

在双击"战略执行"这个词之前，我们应该清楚"战略"是什么意思。我们定义战略为决定组织的本质与方向的一副取舍框架。战略是一副框架，因为它应该作为所有行动的背景，是你的游弋之水。它与做什么/不做什么的艰难抉择相关，而与听起来崇高却缺乏指引性的陈词滥调无关。它不含任何组织中都要做的大量的日常选择；它仅含与组织是什么（本质）以及组织去往何方（方向）相关的决策，如开创性产品的决策、营销决策，以及竞争决策。

制定战略只有一个理由：投资聚焦。如果你能调配无限的资源，就不需要战略。你可以不断地将一个个产品和服务生产出来投放到市场中，试试看哪个可以赚钱。战略会说：我们只有有限的资金资源，准备把辛辛苦苦赚得的钱投资于此；我们只有有限的人力资源，准备将我们人才的宝贵时间投入其上。

技术上，战略要回答如下问题：

- 我们要看多远的路？
- 基于最新的情报，就市场、竞争、政策法规、经济，以及外部环境的其他方面而言，我们有哪些假设？
- 我们的价值观与信仰的根基是什么？
- 在战略期限内，我们将提供/不提供哪些产品与服务？
- 在战略期限内，我们将服务于哪些市场？
- 我们要最大限度地强化哪些产品服务与市场？
- 我们的竞争优势（我们靠什么取胜）是什么？
- 达成愿景所需的能力（技能、流程、设施、设备）是什么？

● 用哪些财务和非财务指标来衡量战略绩效？

也许，你的组织未曾回答这些问题，或者回答得不够可行、不够明确、不够激发斗志、不够与时俱进，或者高管层未达成一致认可，未给予积极支持。不过，本书的焦点并不在于弥合这些差距①。我们要探讨一个尽管不迷人，但却很重要，也往往更难的问题：如何将我们的愿景转化为现实？

战略执行的构件

在图 1-1 中展示的企业模型②创造性地给企业高管提供了包含 9 个变量的全局视图，这 9 个变量对组织的成功影响重大。这个企业模型将"战略"的矩形置于中心位置。一个清晰明确的战略，要定义"企业"这个大方框（企业所要竞争的市场空间）的尺寸与形状，并要指明在由市场、竞争以及其他变量所构成的外部环境中，企业如何取胜。在企业内部，围绕战略，有 8 个战略执行组件：领导力、业务流程、目标及测评体系、人才能力（技能）、信息与知识管理（不仅是如何使用信息技术，而且是人与人间的互相学习）、组织结构与角色、企业文化，以及问题解决（如何解决问题、如何决策、如何执行计划）。

强健的战略执行能基于指引企业发展的愿景，将这 8 个变量协调一致。

---

① 有关战略决策的探讨，请参阅麦克·弗里德曼所著《战略领导力的军规与艺术》，McGraw-Hill 出版社 2003 年版。

② 参见：艾伦·布拉奇著《9 系统组织》，东方出版社。

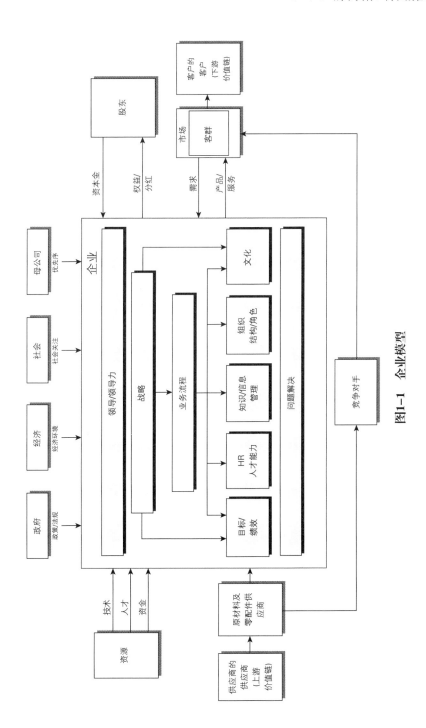

图1-1 企业模型

战略举措：开启成功执行之门的钥匙

战略举措是将愿景转化为实践的手段，如：

● 某小型私人控股的工业构件制造商，其高管团队邀请我们指导他们审议企业发展的多个候选方案。在就国际化扩张和进入新的国内市场的价值点进行健康的辩论之后，团队成员制定出了以新产品为中心的企业发展战略。当时，他们已经制定过一条产品开发流程。而该流程并未被企业统一遵照执行，不仅速度慢、成本高，而且一直未曾产出过爆款。高管团队于是启动了一项战略举措，确保这条流程能被恰当地设计，配置恰当的人才，有足够的资金支持，要计算机化，并且能被遵照执行。

● 我指导过一家大型消费品公司的战略。其营业收入和利润几乎被来自亚洲的、质量相当而价格更低的进口产品侵蚀殆尽。经过评估和剔除若干旨在走出迷潭的候选方案之后，高管团队制定出两个战略决策：与小部分的中国生产商结成伙伴关系；构建快速订单交付的竞争优势。随后高管团队针对这些战略企图制定了一系列战略举措。

● 某国防工业承包商，邀请我们协助其一个事业部的高管识别、评估与获胜性和获利性至关重要的能力。在研讨过程中，高管团队识别出供应链管理（SCM）是妨碍战略达成的缺陷。它不仅带来内部混乱，而且实际上还构成了竞争劣势。高管团队决定，在一项旨在重建领导力、流程、IT系统的战略举措上投以重资，以确保供应链管理（SCM）的竞争力在与事业部所努力追求的其他领域的竞争优势做比较时，能够不遑多让。

没有成功的战略举措，战略无从执行；并购无从完成；新产品既无从创造也无从商业化；新市场无从锲入；竞争优势无从打造、无从保持；品牌价值无从建立、无从维持；供应链成本无从降低；人才无从开发。

在大多数情况下，最核心的战略需求是创建并保持——在快速变化的世界中尽可能长的——竞争优势。例如，我们协助了一家欧洲的移动通信公司制定并执行他们的集团战略。因行业大整合，相当数量的网络与系统的基础设施供应商构成了一个复杂的混合体。他们使用各不相同的老旧系统，难以协调配置以支撑新的服务需求和新的税制。在这个战略的制定过程中，公司高管认识到他们要打造出一个强有力的竞争优势：用集成化的、能灵活响应市场需求的新技术平台迅速地替换老旧系统。他们启动了一项战略举措，以创建一条能快速用新技术升级或替换旧系统的流程。

这项战略举措的迅速而成功的执行，为企业创造出了 12 个月的窗口期，用以提供相当范围的移动服务和新税率。而客户明确感知到这些服务明显优于竞争对手。那些竞争对手仍然受制于旧的技术。因为这项举措创建了一条流程，而不仅仅是一次性的努力，所以，公司在战略执行之初就实现了可观的市场份额增长率。

利用未知

不断的变化会将你带离必达之地，会给战略的执行带来特别的，令人畏首畏尾、举步不前的挑战。比如，你的市场需求（如，对服务的期望值）或购买标准（如，价格敏感度）与过去相比有了显著的差异；抑或竞争格局发生了戏剧性的变化（如，行业整合形成少数几个大型玩家；实力强大的离岸供应商的出现）；纳米技术的实用化或许会迅速淘汰你当前的体系；或者政府监管越来越收紧，导致政治气候改变。在这样的情形下，仅用一个中期修正活动就能让你的战略简单地延缓痛苦。

要进入"美好新世界"，就会对变革管理能力——这个领导力的重要维度——提出增量要求。正如凯文·凯利在《新经济·新规则》[①] 中提出的，"新的统治规则……全球行业重组沿着 6 个轴旋转。首先，在新体制下财富的

---

① 参见：《连线杂志》1997 年 9 月号第 140 页。

流向直接来自创新，而不是优化；这意味着：要实现财富增长，并不是靠精通已知，而是靠不完美地利用未知"。

战略举措就是你利用未知的载体。

你可知自己伫立何处？

部署战略举措的成功概率并不大。研究显示，含上线新信息技术的战略举措只有28%能在预算内按时达成预期目标[①]，而另外18%夭折。剩下的54%要么是一瘸一拐地在规定时间内完成妥协的目标，要么是超时、超预算达成原定目标。更早一些的研究还显示[②]，战略举措平均有89%是超预算的，而且比计划时间延迟122%。

你企业的绩效水平会远远好过这些凄惨的数字吗？如果不是的话，你能承受这么昂贵的低效吗？或许更苦恼的是，你是否知道你为战略举措投了多少资，而投资回报又是什么呢？

例如，一家大型信息技术基础设施公司的高管团队战战兢兢地炮制出了一个高风险的战略。他们决定退出自公司创建以来就作为根基的业务领域。为了弥补差距，他们把未来的成功押注到快速生产成功的新产品上。这是项大胆而冒险的迁徙，该组织的产品商品化的跟踪数据非常暗淡无光。我们曾向产品开发副总裁要求提供当前活动水平的预测数据，得到的回答是："我们整体的计划中有25%～30%是新品开发项目。"而我们随后的分析则透露出十分不同的故事。与该副总裁的估计大相径庭，我们发现，处于不同开发阶段的新品开发项目超过200个。而这些项目大部分并未获得足够的重视，所有的项目只是在某种程度上下了工夫而已，因此，关键少数项目虹吸了研发的关注点与资源。

作为资深高管的典型代表——尤其是首席财务官（CFO）——你将毫无

---

① 斯坦迪什集团《灾难研究》2004。
② 斯坦迪什集团《灾难研究》1995。

疑问地关注当前运营的成本。因为关乎人员和生产率的测评指标可以方便地换算成美元。令我们惊讶的还包括，这些数据是否会定期形成报表。然而，扪心自问"我们的战略举措绩效被定期监控、报告，并用于决策制定了吗"的时候，答案是什么呢？如果是"否"的话，那么你的雷达屏幕上是否该清晰地显示出你战略部署的走向呢？

战略执行的杀手

我们曾频繁地受邀审计组织的战略执行情况。结果我们发现，高管在战略执行中扮演什么样的角色，表征着该公司或机构是否"国际一流"。高管要负责构建与战略举措变革所匹配的基础设施、文化氛围以及业务流程。高管的关键角色在于，监控所采取的行动有否规避以下 8 大诱杀陷阱。这 8 大陷阱，往往会导致战略执行脱轨。

1. 正确战略举措的启动缺失

当你有一套战略，却在研讨会上并未完整回答"我们的战略是什么"的问题时，很容易掉入这个陷阱。这个缺失的产生，往往还由于不知道应该做哪些工作，以执行战略的关键要点。譬如，战略明确把售后服务作为竞争优势，但到底该怎么做到呢？此外，还会有非战略举措对资源的争抢，而这些业已启动的非战略举措，甚至高管都不知情。在这种情况下，通过简单的沟通，就能够让企业摆脱错误的路径，而让战略执行重新回到轨道上来。可以问他们："我们是要进入中国市场，还是仅仅作个潜力评估呢？""我们是要做品牌更新，还是仅仅在新市场中试试水呢？""我们是要下决心转行，还是仅需在当前行业提升绩效水平呢？"

如果你清晰地沟通了"是什么"的话，那么，从决策层往下的各级人员，是否清晰地理解了"为什么"呢？如果还没有的话，问题——以及困惑——将会无穷无尽。比如："为什么我们要上客户关系管理系统（CRM）？""为什么我们要做组织再造？""为什么我们要退出拉美市场？""我们是在靠疏通订单交付流程来打造竞争优势、消除竞争劣势和削减成本吗？"

第2章将讨论如何识别战略举措。

2. 战略举措操控缺失

组织最频繁掉入的陷阱是战略举措过载。一个事业体，无论其性质如何、人数多少、复杂程度如何，以及基础设施怎样，无不有个项目容量的限度。因为资金有限、人员精力有限、心智份额［mind share，与市场份额（market share）对应］有限、吸收变革的"带宽"有限。高管若对组织极限认知不足，而频繁启动更多的、无法确保实施效率与效果的战略举措的话，会导致什么结果呢？假定有两种结果：一个是，12个举措被充分执行了，但有3个举措半途而废；另一个是，5个最关键的举措全部执行得很出色。哪种结果更好呢？

第3章将介绍一条流程。遵循这条流程，你就能筛选出孜孜以求的、战略优先级最高的、可掌控的、可管理的战略举措。

3. 组织结构设置缺失

大多数的高管喜欢启动并非必要的组织结构重组。你应该很高兴地了解到，其实，我们并不提议你一定要改变整个组织架构。不过，起码你要确保你的组织架构是支持——最低限度是不妨碍——战略举措的部署的。

第4章将介绍支持战略举措成功的组织结构候选方案。

4. 支持性的"举措环境"营造缺失

一个高优先级的战略举措，在组织中可以按一种方式来推动（或阻挠），那就是要让战略举措的贡献者、其他的项目，以及日常运营能常态化地处于"生命保障"状态。也就是说，要有健康的企业文化氛围（具备期望值、反馈机制、激励机制等属性）来支撑战略举措，以确保战略举措的达成，不是靠扼杀其他企业活动来实现的。

高管倾向于用"制度与程序"的方式来解决问题，这会在不知不觉中营造出有缺陷的文化共识。正如我们在后续章节中会针砭的，基础设施、工具、协定对于战略举措的成功固然重要，但仅凭这些还不够。处在组织各个层级的战略举措贡献者需要一个充满关爱与滋养的，与"日常工作"环境一样的项目环境。战略举措往往需要有变革。而大多数人抗拒变革，即便不是公然抗拒，也会至少出现方向迷失、焦虑等心理状况。因此，战略举措的执行，需要管理层在人性因素上较以往给予更多的关注。

在你的企业文化中，会有一些特质对战略举措的成功与否影响重大，有些特质需要改变，而有些特质需要强化与支撑。第 5 章将展示一套改变或支撑企业文化特质的方法。

5. 在找正确的人做正确的事上缺失

战略举措只有在所有参与者把自己视为项目组的"火星移民"之时，才能有效推进。项目组既非闲散人员的收容站，也非将逃离日常工作视为天赐良机人士的后花园。无论是项目发起人还是项目经理，抑或项目组成员，如果其资质不足或定位不明，哪怕项目愿望再良好、设计再优秀，也会被破坏殆尽，无从善终。

第 6 章将描述一个成功的战略举措项目所需的各个角色，及其在技能、经验、信息、智力以及承诺度等方面对人的要求。

6. 举措管理通用语运用缺失

大多数高强度的战略举措，会涉及三个或更多人员。大的会涉及十余人甚至几百人。如果要这些人有效地贡献于战略举措项目，必须能互相有效沟通。要达成沟通效率和效果，来自不同部门、不同层级的人就需要具备一套共通语言以共享流程与术语。

第 7 章将描述一个通用举措/项目管理流程的基本特性和好处。更多的细节将会在附录 A 中探讨。

7. 高效的监控及报告系统缺失

高管的一项关键职责是监控战略举措的绩效并在需要之时制定中期调整决策。为承担这份责任，需要一套报告/监督系统向你提供所需信息，以避免出现官僚主义。

第 8 章将通过一个案例来描述报告系统的流程和格式。这个系统适用于多种行业。

8. 耐心缺乏

曾有一首饶舌歌曲，揶揄高管就是一帮"注意力不会超过 60 秒的人"。无论你是不是想博得同情的"长辈关注缺乏症"的儿童，你都需要认同：战略执行需要耐心。你的战略，即便不涉及重大业务改变，其举措也会涉及产品开发、市场进入或退出、收购、流程改进、纠正异常文化、改变组织结构等，而这些举措都不会在一夜间完成。

贯穿后续章节中，我们将讨论你可采取的，用长远眼光关注最重要事物的行动步骤。

你在战略执行中的角色

这 8 大诱杀陷阱中，一些要靠资深高管的个人行动予以清除，其他一些可由下属各级经理去规避。然而，战略执行是由你和你的高管团队负责，所以这些陷阱有否识别清楚、有否清除干净，你必须过问。

从最简单层面来看，成功是两个变量的函数：1）战略指引的方向正确与否；2）战略的执行效果与效率。本书聚焦于第二变量。高管已经习得，仅有劝告是不够的，实施效果是战略举措的设计与执行的函数。如果你的目的地在变化，那么战略举措则是载你抵达目的地的交通工具。

你的组织，无论是上市公司还是私人公司，无论是本土公司还是国际公司，无论是大公司还是小公司，无论是交付产品的还是交付服务的；也无论你运作着整家企业还是一个事业部，还是一个分部、一个部门，抑或一个区域，所有类型的组织、所有角色的高管，都有共同的关键需求：领导力。领导力的一个关键构成是启动变革以及体制化变革的能力。在各种变革中，最最重要的，当属将战略愿景转化为行动并达成成果的变革。尽管变革实施的细节可以授权予下属，但指导工作与责任担当却不能授予出去。在指导你的组织历经所有变革或动荡时，请记住这些变革的努力是受战略举措驱动的。根本上，战略举措决定着你是在掌控变革，还是被变革所伤害。

作为高管，你将很少有机会成为战略举措团队的成员。只有恰巧——在非常高优先级或特别敏感的举措上——你才会扮演举措/项目经理的角色。而大多数情形下，你则扮演举措发起人的角色。

在我们的经验中，战略执行的标志是领导力。图 1-2 描绘了我们发现的对战略执行的成败起关键作用的七个因素。作为一个领导者，你需要扮演各类角色以确保这些因子在你的组织里出现。本书余下的部分将会详细描述各个角色：掌舵者、决策者、指导者、沟通者、激励者、障碍清除者和冲突解决者。

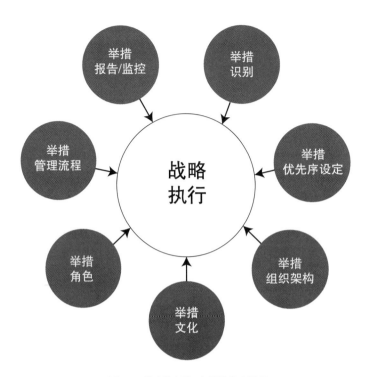

图1-2 战略执行的7大关键成功因素

第 **2** 章

战略举措考察

在很多情形下，威廉斯塔基公司装饰产品部（简称 GPD）的营销副总裁阿方索·罗德里格斯算得上是一位典型的执行官。他阳光而具感染力，对下属坚持高要求，并且是出了名的缺乏耐心。他的业绩看起来很棒，并且他以部门的优秀人才、对客户的精准聚焦，以及崇高的职业道德操守而引以为傲。作为一个大思想家兼沟通大师，他被人们视为 CEO 的未来人选。

在 GPD 依赖颇具典范的特许加盟模式与品牌管理成为行业标杆之时，阿方索却并不开心。他认为，组织应具备长远视野，以超越当前所追求的增量式成长以及只求在战场上略胜对手一筹的格局。他认为 GPD 如果能利用一个独特且稍纵即逝的机会将自身重构，转型到多变而时尚的个性化产品行业，就能够享受未来持续两位数的增长之乐。很大程度上是要对阿方索的虚张声势的恫吓有所响应，GPD 的高管团队制定出了一个针对国内和国际市场需求与偏好的大规模定制化产品战略。未来 GPD 的客户将更加紧密地参与新产品的开发；由于在提供个性化产品服务的语境中，任何事情都没有确保客户满意度重要，所以，要将非核心功能悉数外包。通过这样的方式来让 GPD 聚焦在最擅长的事务上。

就如许多预言家一样，阿方索在执行方面并不擅长。他天真地假设只要对新的、激动人心的战略做充分宣贯与沟通，员工及各系统自然会作自我校正，向战略看齐。但 GPD 就执行本身以及步调而言，都未达成预期。他猜想是由两个主要原因导致的。其一，他认为中层和高层管理者都陷在日常事务之中，而未能在前端客户界面以及后台运营两个方面主导战略所需的阶跃式改进工作。其二，他认为整个部门都在令人不安地抗拒变革。针对一些较激进提案的对抗趋向于 "这就是无效的原因" 或 "主意不错但时机不对"，而不是"我们如何能办成"或起码是"让我们来仔细研究研究"。企业文化本是崇尚持续改进的健康文化，但在重要战略举措面前，却呈逃避之态。

阿方索的同僚们曾帮助他理解这么重大的变革不会是一蹴而就的。但是，他仍然认为战略若不即刻贯彻执行的话，机会之窗即将关闭。在终于接受不指望这么快得分之时，他仍然看不到任何"在往对方篮板传球"的迹象。

也许你的处境与阿方索不同。也许你正受战略举措越弄越多，而非战略举措不足之困。无论怎样，你和阿方索其实有着相同的需求：明确所要启动的战略举措，充分覆盖了战略执行所要做的所有事务。

如果没有一个完整的候选清单，你是无从甄选出能将你在会议室勾画出的愿景变为现实的那几个关键举措的。在第 3 章，我们将展示一条流程，利用它就能够设置项目的优先级和执行顺序。但首先，我们需要一个可选项目清单。本章就聚焦于战略举措识别的成功因素上，如图 2-1 所示。

战略举措识别中高管的角色

作为一名高管，你的中心角色之一就是识别并定义战略执行的举措，而不能指望这些举措会自动冒出来。只有你和你的高管团队成员最理解战略、最了解战略背景，也只有你们最有权势和影响力让员工做正确的事。

某国际化的家电生产厂商，最近并购了四家竞争对手，但并未实现当初设想的财务和非财务收益。这家新扩张的公司正面临着运营成本上升、交付延迟、客户重复投诉率上升、出现呆坏账、员工流失的困境。公司的 CEO 面对"接下来还会发生什么"这样的问题感觉非常不自在。他要求我们帮助他和他的团队识别并定义能切中目标的战略举措集。

为了展开工作，我们问了几个背景性的基本问题："这五大类困境的根本原因是什么？"高管们认为自己知道原因，但不幸的是，他们所知道的所谓原因各不相同。譬如，一位高管深信成本问题是不合理的业务流程造成的，而另一位高管则拿自己的工资打赌说是缺员造成的，第三位高管则坚称是开销严重超标之罪。

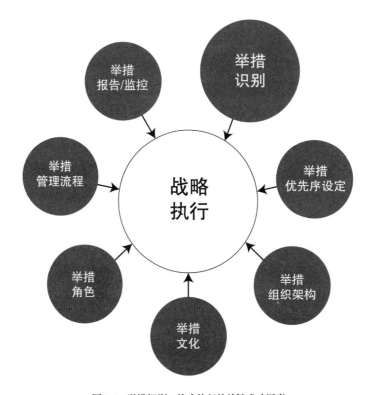

图2-1 举措识别：战略执行的关键成功因素

要甄选出正确的战略举措，必须弄明真相。我们的分析显示：

● 在满腔热情地基于自身能力定义每一个市场需求，以及在为收购回来的公司做产品推广活动的过程中，高管非但未曾减少任何产品，反而在大幅度增加产品开发经费。公司无法达成成本缩减目标的一个主要原因在于他们的产品组合太过丰富和复杂，并且还充斥着不合格品种。我们的分析显示，有56%的产品只占销量的5%，在成本分摊后呈亏损之态。

● 交付延迟和发生呆坏账的原因在于五家公司的流程整合不力。在新设计的业务流程，如订单交付流程、分销流程、催付款流程推行部署之前，推行部署了新设计的组织架构图。

● 将原来五家公司的客服部门合并后，并未统合用于处理呼入电话的流程。五拨原来的服务工程师虽然具备维修的能力，但由于呼叫坐席不能准确确认客户问题，导致维修工程师抵达客户现场后发现要么零配件带错了，要么维修时间不够，经常要二次上门。

● 高管们曾预估过一个适度的并购后员工流失率，但实际值却远超预期。他们流失了很大一批经验丰富且生产率高的员工。而这些流失与员工厌恶变动、职业市场对这些技能需求增大并无关联。高流失率其实更多是部门要被裁撤的流言与员工本就有的跳槽渴望互相发酵所诱发的。

这个分析揭示了企业的真正需求，并由此甄选出 31 个需要执行的战略举措。为确保聚焦并协同配合，这些举措被分到八个篮子里（高管称为"项目集（programs"）：市场营销（含旨在降低产品复杂度的项目）；物流（含订单履行流程再设计的项目）；财务（含应收催缴及收款流程优化的项目）；业务管理（含呼叫中心员工技能开发项目）；人力资源（含并购后整合沟通项目）；销售管理；服务；IT。

这 31 个项目，大多数都是全新的。其中极少数的几个战略举措，若非高管团队遵循一套系统化的流程一步一步推演，几乎是不可能识别、定义出来的。其他的一些项目，则是早已在进行中，但却关联不够、节拍秩序不明、人力配备不足，以及高层支持不够。

经历这个过程后高管团队认识到，战略举措识别的步骤应该是：

发现需求➡识别原因➡定义举措

这些高管具有足够的智慧，知道如果让 31 个举措同时开工，会导致公司瘫痪。他们将这份举措清单精简，只保留在 3 年战略时间框架内有望达成的那些举措，并按照第 3 章中描述的流程步骤依序实施。没有规范严谨的战略举措识别，他们就无法对要着手的项目划定合适范畴，也无法获得扎实的基础认知，以明晰项目的需求，明确哪个项目应该先于其他项目启动。

战略举措评估表

我们发现，下面的评估表涵盖了战略执行的全部领域，可用于战略举措识别。你回答 Yes 的每一条目，就是你要重点执行的领域。你的高管团队应该抉择，是否该需求：(1) 能被现有举措所充分满足？(2) 所对应的举措还需要修正？(3) 亟须一个潜在的新举措？之所以称"潜在"，是因为你也许资源不足，无法启动所有的举措（起码在接下来的 12 个月内）。所以，全部候选项都要放入评估漏斗中，以供"战略举措优先序设定"之用。

◎就支撑战略的几个基本假设而言，你还要进一步地研究或监测外界环境（如竞争态势、政策法规、经济形势）吗？

◎你的战略需要上市新品或是淘汰旧品吗？

◎你的战略需要进入或退出某些市场吗？

◎你的战略中包含需要进行市场调研的所谓"尚待探索"的领域吗？

◎你的战略需要在营销方面重点突破吗？

◎确保你未来成功的那些竞争优势，需要实施业务流程的设计与再设计吗？如果是，都是哪些业务流程呢？（例如：你需要通过疏通分销流程来强化竞争优势，或需要推行一条客户支持流程来弥补竞争劣势）

◎为确保你未来成功的那些竞争优势，需要强化现有的或获得新的技能吗？如果是，都是哪些呢？（例如：你需要提升销售人员的客户需求识别的技能）

◎你的战略需要迁移、关闭或新建工厂、办公室或实验室吗？

◎你的战略需要调研任何潜在的并购或结盟的可能性和机会吗？

◎你的战略有必要调研新技术吗？

◎你的战略需要品牌建设或再造吗？

◎你的战略需要适当的知识产权保护调查吗？

◎你的战略指明了需要将哪些功能外包，另外要将哪些外包功能收回吗？

◎ 为有效跟踪战略的可行性和实施度，你需要测评当前尚未测评的绩效吗？（例如：将有关新品业绩表现以及客户满意度的衡量指标，作为财务成果指标的补充）

◎ 你的战略需要你通过靠集成的、快速更新的、方便存取的数据库来更好地管理知识吗？（例如：你需要更全面的、更新的、可多维度检索的客户信息）

◎ 你的战略需要点对点的知识分享论坛来更好地管理知识吗？（例如：设一套机制，将销售人员聚集起来，面对面或至少语音对语音地分享售后服务的销售经验）

◎ 你的战略需要考察组织架构的多套设计方案吗？（例如：由于想靠渗透海外市场而谋求业绩增长，有必要选定一个能更好地支持国际化扩张的组织架构）

◎ 你的战略需要改良企业文化，或至少是评估当前企业文化健康度吗？（例如：因开发并商品化新品，要确定现有的企业文化能否支持创新）

◎ 你需要将运营计划和经营预算与战略协调一致吗？

◎ 你的战略需要对组织的领导力在深度、广度、角色，以及技能方面实施变革吗？

◎ 你需要事业部层面、产品线层面、部门层面的子战略吗？

◎ 你需要一个精心设计的沟通计划，向内外部人员沟通战略吗？

上述所有提问的前提条件，是你有一套战略，能解释第 1 章所列的所有提问。如果还没有的话，你的第一项举措就应该是制定或更新战略。然后，你才能够聚焦执行。

正如你在这些提问中看到的，我们是从战略的视角，而非问题的视角来做战略举措识别的。你或许有销售额的问题、盈利能力的问题、客户印象的问题、市场份额的问题、生产率的问题、技术过时的问题、员工稳定的问题。但针对上述提问的领域，启动一项意愿良好却过于笼统而含糊的战略举措之前，很有必要找出问题或机会的底层原因，再确定问题是属于战略性的还是战术性的。

同样是销售收入下滑，有因组织的营销能力缺乏，新品上市失败所导致的；也有因业务开拓人手不足所导致的。原因不同，挑战也大不相同。同样是盈利问题，有因定价失当所导致的，也有因成本暴涨所导致的，原因不同，对策也不同。

我们并不是说战术性问题是"二等公民"。有些战术性问题是影响严重、十分迫切，且足够复杂，甚至需要高管介入的。而有些战术性问题，如针对不满客户的安抚、报价的更新、重大项目的竞标等，或许都比一些战略性问题的优先级更高，起码更紧急。但它们仍然是性质不同的。

遗憾的是，战术性问题往往频繁地被置于战略性问题之上。一家受我们协助，实施战略制定与战略执行的零售连锁企业，其总裁在一次会议上概括其他几位高管的关切时说："我们最大的挑战，是想办法不被日常琐碎的事务性工作'消耗殆尽'。我的高管团队和我往往被吵得最凶的问题牵着走。我们需要更好地管理并权衡'重要'与'紧急'问题。"

贯穿本书始终的，是要聚焦发轫于日常工作之上，并转化为对组织的未来至关重要的问题。即那些必须首先解决掉，以确保战略得以执行的问题。

定义战略举措

带着战略纪要，你踌躇满志地下得山来，激情澎湃地要让战略变为事实。你评估了战略关键要素以及每一项潜在的战略举措建议。例如：

● **市场**。你识别出，将城镇居民中年龄在30~45岁的夫妇作为你产品最具潜力的目标市场。于是设定了一个战略举措，包括：（1）评估符合市场需求的产品特性和能带给客户的收益；（2）评估市场推广方案，以确保"话术"匹配目标受众；（3）设置公司总体销售和市场份额目标，并跟踪业绩表现；

(4) 把对营收有贡献的流程、部门、岗位的绩效考核指标与公司总体目标挂钩。

● **技术**。在作为未来竞争优势的技术支持上，你将准确、迅速、人性化确立为三个核心维度。于是，你设定了一个升级流程和技能的战略举措，以便企业在这个领域的竞争格局能从势均力敌变为一枝独秀。

● **并购**。你决定要进入相邻市场，并发现最为有效的实现方式是收购一家当地公司。于是，你设定出一条针对收购对象的识别、评估、接触、谈判、尽职调查、完成交易、并购后整合全过程的战略举措。

● **外包**。尽管当前绝大多数的生产都是委外加工的，你还想将余下的部分也外包。但在你委托供应商去大批量生产的同时，产生了非常敏感的问题，如"你具备一套平顺无缝，能与生产伙伴对接的组织架构吗"，以及"你如何能确保在不大量增加人手的前提下实施有效的监制与跟单"。于是，你设定了一个战略举措，来评估组织架构的候选方案，以便有效管理生产伙伴。

● **文化**。作为连接战略与执行的桥梁，你与你的同人将企业文化确立为创新、弹性以及适度冒险这三个特征。于是，你设定了一个包含分析当前文化问题，弥合文化鸿沟的战略举措。

● **沟通**。你们认识到，战略不会"自燃"，也不会单靠高管团队的努力就能贯彻执行。你们也意识到战略执行的关键是沟通。如果关键的外部利害干系人以及内部各层级的员工都不理解愿景——战略是什么，战略为什么，战略与我有什么关系——他们将不可能在战略执行中扮演合适的角色。于是，你设定了一个涵盖流程、角色以及时间点的战略沟通举措。

以上只是些例子。潜在战略举措清单，初期会包含 30~40 条。每条都要有范围（包含什么，不包含什么）、产出（将会产生什么），以及收益（会达成什么）的描述。如果能按照这种方式明确而简要地表述，那么你便能从时效性和成本收益两个角度甄选出适当的公司战略举措。

开发战略主项目计划

战略执行最终是要整合于**战略主计划**中的。将实现愿景所应部署的战略举措汇编成册，就形成了战略主计划。这份"计划之计划"将作为高管团队审视各个战略执行拼图的全局图。如果用得好的话，它既能规避战略执行活动的碎片化，又能解决战略执行过程的拥塞问题。这些战略举措可能引发于本章之前所展示的战略举措评估表所提问的任何领域。

尽管**战略主计划**中的战略举措往往引发于战略举措评估表的各个领域，但最终计划则产生于本章讨论过的战略识别过程，以及第 3 章将要讨论的**战略举措优先序设定**过程。

战略执行举措：案例研究

某国际豪华酒店集团邀请我们识别并厘清他们的战略举措组合清单。他们打算靠这份清单中的一系列举措来稳步实施变革，以改善目前黯淡无光的业绩表现。

高管团队已在近期完成了战略制定。在战略执行项目期间，团队成员识别并设定了酒店集团所应提供的服务内容及其优先序、明确了市场侧重，继而，基于重点市场的竞争分析，制定出了取胜所应具备的竞争优势。当要面对必须识别出既能建立新战略信心，又能实现新战略目标的全部战略举措这个现实时，团队就从"乱花渐欲迷人眼"的、飘在天上的愿景憧憬中平安着陆了。

以第 1 章中介绍的，并在图 2-2 中再次重复的**企业模型**为框架来思考，一系列的变革需求就从战略中跳了出来。它们包括：

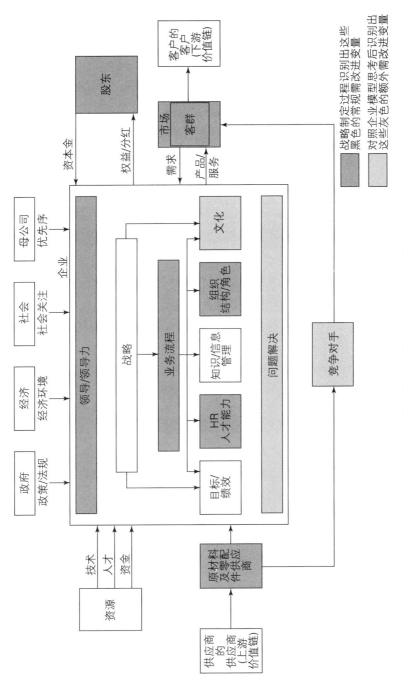

图2-2 连锁酒店战略执行举措识别所对应的企业模型变量

●企业领导集体的专注点，有很长一段时间都放在防御一桩拖延很久的收购案上。幸好，那个收购图谋已经失败，并已成为历史。新战略唯有靠高管团队的"热情与活力"才能成功执行。所以，需要发掘新的**领导者**，而现有的领导者则需要重新定向和充电。

●还存在一个与过往**股东**的敌对性角色相关的问题。尽管收购案的中断促成了新战略的开发，但**组织架构与角色**也有必要重构，以便与昨日的敌意构建新关系。

●虽然战略识别出了一系列进入目标市场（即高消费商旅人士）的新途径，但为了能开启这个潜力市场，高管团队还要设计并推行新技术所能支撑的产品（其实是服务）预订、分销与定价**流程**。

●为达成利润目标，这家连锁集团还应该剥离业绩表现不佳的资产，并力图实现规模经济，比如对**原材料及物资**实施集中采购。

尽管公司战略的勾稽关系使得这些以及其他的变革需求能很方便地识别出来，但高管团队却仍惶惶不安，觉得并未将所有要做的事情理清楚。正如某位高管所说："我们尚未将方方面面、角角落落思考充分。"

经过对**企业模型**各个变量的严格考察，他们识别出了一系列、尚未在第一轮发现、极易忽略的举措，包括：

●**文化**。高管认识到，他们尚未充分考虑过达成战略目标所需倚仗的企业文化。他们认同，只有靠文化变革举措，方能将客户服务从"传统而保守型"转型为"非正式而友善型"。

●**问题解决**。这个变量启发人们思考协调统一性的问题，如员工的态度和技能水平需要多高才能解决客户问题，能解决哪些客户问题。为在客户服务领域打造公司所期待的竞争优势，高管团队制定了一个问题解决的举措。

●**竞争者**。在考察竞争者时，高管发现，他们认为所谓的竞争认知其实不折不扣地来源于假设和传闻，而非事实。他们决定建设一套用于竞争情报的采集、分析与对标的电脑系统。

企业模型为这些高管提供了一个思考框架，帮助他们识别所有要做的事情，以便组织从当前位置战略性地前进到该去的地方。最终的变革组合有 8 个项目集（programs），共计 52 个战略举措（initiatives）。

正如本章开篇的家电制造商案例一样，你或许会被高管团队筛选出来的、庞大的战略举措数目所吓到。但其实，这些战略举措自第一波后，会在为期一年左右的时间内，分若干个批次有序实施。此外，有些在战略制定之前所启动的项目，会被重新分组、延期或终止。通过将在第 3 章描述的优先序设定及排序流程，高管团队能确保组织不会"贪多嚼不烂"。

战略举措识别流程

尽管任何人都可以提议一条战略举措，但组织需要有一套协议来规范项目提交与项目评估工作。我们合作过的大多数高管发现，一页纸的"项目提案建议书"基本可限定全部所需的规则。该格式表格应包含图 2-3 所示的所有代表性信息。

当心预算时点

尽管战略举措可以随时提出，但在预算拟订阶段或预算刚刚颁布时会出现项目提案高潮。那段时间，大量的项目提案构思出来、投放出来，要么获批，要么被拒。在这个高峰期，你要特别小心，以确保战略举措不会资源不足、不会被战术工作之海所淹没。在战略举措与运营举措争抢预算的争斗中，后者往往取胜，尤其是在各层经理面临压力时。在这些抉择关头，你和你的高管必须是战略的坚强卫士。

你该从何处开始?

以下是我们发现的、对战略执行需求产生的无可厚非的反应：

项目名称	
提案人	
提案支持者	
推荐项目经理	
拟解决的问题/需求	
达成后收益预期	
成本预估	
投入人天预估	
优先级	
需何级批准	

图2-3 项目提案建议书模板

"我了解我们的组织。但我不是盲目乐观的人。我们的战略需要在企业模型的各个领域实施改进。领导力的改进需求、业务流程的改进需求、企业文化的改进需求等，都列在清单上了。若要启动这些领域的每一条举措，我会被淹死的。我该从何处开始呢？"

举措过载——"心大肚小"综合征——是常见病，尤其在那些不了解该如何达成项目目标的高管中。同样普遍存在的一个十分折磨人的问题，是正在进行中的项目并非能产生高回报的项目。作为高管，你要负责评估可解决战略问题的各类举措的优劣点、价值点。在某种情况下，你要提议一个项目；而在另一种情况下，又有人向你推荐一个项目。既要扮演提案人的角色，又要扮演评估者的角色，这时你就需要一个规范化的流程来决定某项举措是否值得贯彻执行，如果值得的话，它的优先序该设定到哪一级，如何配备人员和资金。我们将在下一章讨论这个关键的、高管层面的流程。

第 3 章

避免战略举措过载

凯瑟琳·德沃伊是网上旅行社客旅（Customtravel. com）的财务及行政执行副总裁，形象思维能力强。尽管受公司的目标与活力所激励，但她总把公司比喻为一个"住在鞋子里的老妇人"。这位老妇人"有太多的子女，以至于不知到底该干什么"。老妇人将自己大部分的时间都耗在了产科病房，不是在怀孕就是在分娩。那些"子女"，就是公司的各个项目。

新入职的凯瑟琳，作为 IT 界的老兵可从来没见过如此之多的特别举措。再夸张点比喻的话，就好像有人把多子丸掺进了饮水机里，无论老少、无论智愚、无论初孕的还是超生的，公司人人都在不断地"分娩"项目。仅有少数几个项目能在支持的环境中受关爱、受培育，而大多数的项目则是自生自灭。

凯瑟琳认为，像客旅网这般规模的组织，无论成熟度如何，不可能成功实施如此多的项目。客旅网充斥着半途而废的项目：有些被锁在档案柜里不见天日；有些则相互冲突；有些则因迟迟不见成果而无法达成预期；有些则被不现实的期望压垮；还有些即便意义非凡，却从未发挥出预期的潜力。

凯瑟琳确信公司有足够的人才能把有限的几个成功率高的举措践行成功。但资金、时间与智力的分散，正阻碍着绝大多数的项目达成预期目标。

作为财务专业人士，凯瑟琳自然深受资源被稀释、被误用的困扰。而作为高管成员，她还有更重大的关切，那就是公司必须在环境快速变化，以及割喉战式的竞争中维持战略灵活性。她担心公司的战略——以快速客户响应和廉价奇幻度假套票为中心——是一场标新立异的冒险、难以成真的黄粱梦。她十分确定这些战略举措并没有获得必要的关注、资金和人员。

举措是战略执行的载体。如果完成了第 2 章所描述的举措识别流程的话，你或许会产生萦绕于心的感受，那就是若想完成识别出的所有举措，起码要有如中国军队般规模的组织和北欧地区国民生产总值般的资金支持。

大刀阔斧地删减举措数量，如果不痛苦的话，是很容易的。毕竟，作为领导者，每天都不得不面对艰难抉择。在这么做之前，无论如何，我们建议你要先问问自己如下两个重要的问题：

- 我要删掉多少个项目？或正面地说，我要保留哪几个？
- 如何确保留存的项目值得我舍弃其他项目？

个人的投资组合会包含股票、基金、有形资产、不动产，以及其他资产。而公司或分部也有个在供产品和服务的组合。同样道理，你的公司也应该有一个**项目**组合，包含正在执行的和计划执行的每一条举措。就如同管理你的投资组合一样，要管理你的项目组合就需要明确回答两个问题——"组合里有多少项目"以及"哪些项目是组织中该有的"。本章将概括出一条流程，称为"最优项目组合（OPP）"，让你能够自信满满地回答上面的问题。当我们要继续聚焦于在战略执行中扮演重要角色的举措时，最优项目组合（OPP）流程将强制性地让你以组织的全局项目视图为背景，检视考察最优项目。

你的战略项目组合健康度如何？

首先，你是否了解当前的项目组合？明确点问就是：

> 你——或组织中其他任何人——是否知道有哪些正在推进的项目？
> 项目正在消耗的资金额度有多大？

即便有些项目没有明确的文本记录，你也会认为自己如此近距离地接触日常运营，对何时有哪些项目在推进自然"心中有数"，且偏差不会大。而事实或许会让你大吃一惊。

还记得我们在第 1 章中谈到的产品开发副总裁吧，他认为当时上马的应该有 25 到 30 个项目，而事实上是有 200 个项目在同时推进。另一个例子是欧洲某饮料公司的营销副总裁，他估计公司最多有 35 个处于不同阶段（从刚启动到快结案）的营销举措在推进。在我们进场调研后，给出了让他吃惊的新闻：有不少于 130 个项目在同时推进。约有 100 个项目尽管消耗资源并不多，但许多却是甫一启动就在死亡线上徘徊。而这些几近夭折的项目，其中绝大部分往往要空耗相当长的一段时日，才会被月度项目进度报告标示为"无进展"状态。最为困扰的是，这些被忽视的举措，往往要比被高度重视的或大投入的项目更有潜力。此外，这位营销副总裁居然也不知道自己企业管理并发举措的能力上限是多少。这就好比说，他需要优化自己的投资组合，却不知道自己的投资上限一样。

> 你了解你的项目容量吗？换句话说，你知道一个项目，在确保你和
> 下属日常运营工作以及其他项目工作不被挤占的前提下，将耗费你多少
> 的人·年吗？

大多数的投资者喜欢的资产配置方法，是所谓"不把鸡蛋放在一个篮子里"的均衡投资，比如，以成长性、收益性以及保本兼顾的策略来做组合。同样地，你要好好考虑如何妥善配置项目资产。从这个角度看：

> 战略性与战术性举措、成长驱动型与成本驱动型举措、产品导向型
> 与市场导向型举措、直接面向客户型与后勤保障型举措，你作了合理搭
> 配吗？

其中，战略举措与战术举措的均衡搭配尤为重要。高管必须确保，所有的"卓越运营"类项目要支撑战略，并且项目组合中还要包含单独聚焦于战略执行的项目。

构建最优项目组合

如果回答上述三个问题会令你头痛，你反而该高兴才是，因为这并非无药可救。创建与部署举措，是有章可循的、是受控的、是值得鼓励的，也是备受尊敬的。而且，也是非常有价值的一种努力：卓越的项目组合管理，就如同卓越制造、卓越客服、卓越财务管理、卓越人力资源管理一样，能给企业带来卓著的竞争优势。

举措管理的大部分过程里，高管仅作为支持者和监控者，而将具体细节的事务交给下级办理。不过，为确保项目的战略聚焦，在过程的前端，即构建最优项目组合的工作，则必须靠你亲力亲为。

用于创建最优项目组合的平台

在能创建最优项目组合之前，你需要洞察项目组合的现状、问题及其他一切。你必须回答的问题包括：

● 项目是谁提议的？通常由什么触发了项目？

● 项目是谁审批的？审批的标准是什么？

● 项目的资金需求是谁确定的？人员需求是谁确定的？资源是如何配置给项目的？

●举措有高层支持吗？如果有的话，是如何识别、指派这些支持者的？这些支持者希望扮演什么角色？

●项目经理是如何选派的？项目经理期望扮演什么角色？他们是如何受训的？

●举措团队成员是如何选拔的？他们期望扮演什么角色？他们是如何受训的？

●目标受众（受举措产出影响的人群）是如何识别的？在项目初始阶段和后续阶段是如何参与的？

●项目的定义、规划、监控、结案的全过程中，都有哪些流程、方法和工具可资运用？

●如何衡量项目的成功？

●组织各层级是如何看待项目的？

●面对重大项目将要引发的变革，组织的准备度是否充分？哪些因素有助于提升变革接受度？哪些因素会引发变革阻抗？

●有举措的跟踪记录吗？举措通常能达成预定目标吗？能在预算内达成吗？能在预期时限内达成吗？

对以上提问准确的——即便不是完全满意的——回答，往往是"视情况而定"。如果这么回答，说明你的回应反映了最频繁出现的情形，或是最具代表性的情形。上面这份评估问卷，并非以苛责于己为目的，而是力图帮助你设置启动项目组合的环境基准。就当前要办的或当前要变的事务而言，它能为你提供基于事实，而非基于道听途说和奇闻逸事的解读。它还为你定位起始原点：你战略执行之旅的出发点。

回到本章开篇提到的客旅网。凯瑟琳在高管委员会会议的日程中了解到了"整体项目现状"。回答上述的问卷，是一段发人深省的经历。委员会的评估结果显示：项目失控。几乎任何人都可以启动项目，而不需任何理由、不经任何批准、不必估测资源耗用及产能，也不必与其他项目协调。而项目的角色要么缺失，要么不明确。项目的监控也是零星、分散、不定时的。由于时间、资金以及精力的散焦，项目通常都不能达成预期成效，且超期、超预算。这明显导致客旅网的战略执行进展十分迟缓。

尽管这一发现令人不愉快，但凯瑟琳还是达成了她的目的：让她的同事们认同项目的数量激增及低绩效表现是十分严重、值得高层重视的问题。高管层有必要设立一套**最优项目组合**。

最优项目组合（OPP）流程

为保证战略执行的持续聚焦，我们大可建议你只把与战略执行相关的举措列入优先序清单中。其实，这样做是大错特错的！战略举措必须根据全部的项目组合来设定优先序：一是由于有些战术举措的优先级会比战略举措还高；二是由于所有的项目其实都是靠同一汪人力资源池和同一汪财务资源池来支撑的。

OPP 步骤 1：制定项目优先序甄选标准

你现在要着眼于未来。第一步是设定一个平台，用于合理化与强化你的项目组合。这个平台的地坪就是一套标准。根据这套标准，你就可以拣选项目并设定项目的优先级。在最高层级上，这套标准可以划分为如下几个维度：

- 战略执行（涵盖所有其他标准的一大维度）
- 提升销售
- 建立/扩大某项竞争优势，或消除某项竞争劣势
- 提升客户满意度
- 节约成本
- 提升员工满意度/留任率
- 确保合规

● 保障安全

还可根据你的具体情境增删标准：

● 删除不适用的维度。例如，合规性当前并不是你的项目优先级选择因素。

● 添加特定情境标准。例如，你想添加一个标准，将快赢或者外部高曝光率或低曝光率作为项目的甄选权重。

● 为某些标准设定高权重以强化其对决策的影响力。

为确保项目组合能涵盖适当的范围，你必须将标准的战略性与战术性、短期性与长期性、外向性与内向性、人性与结构/制度/政策性做有效权衡，但也不必等值均衡。

为确保受优先序影响的所有人员理解你的标准，我们建议将"以……为依据"添加入标准的定义之中。例如，"客户满意最大化"以摩擦率、投诉率与回访评分为依据。

这些标准不能在真空中设定，也不能是学术研究。要牢记它的目的：你的高管团队要在 OPP 流程的第 4 步中使用这些标准来决定当前及潜在举措的优先序。为形成最大限度的共识，我们建议大家一起制定这些标准。在制定这些标准的过程中，要一直牢记这个句型："我们要将更多的时间与金钱投资于××的项目中。"

例如，某跨国家电生产与销售商，其高管团队运用以下标准来甄选西欧分部的举措优先序：

● 提升市场份额
● 提升利润率
● 降低运营成本
● 力图成为零售商的首选供应商

- 团队成员授权
- 取悦消费者
- 优化业务流程

某制药公司决定其项目优先序的甄选标准为：

- 客户利益最大化
- 违规/违法最小化
- 产品成本最小化
- 单位成本收益最优化
- 可持续供应最大化
- 产能最优化

客旅网的高管委员会设定了如下的标准——我们将对满足以下条件的当前以及意向项目给予最高优先级：

- 能执行集团战略的某个或多个部分的
- 对营业收入贡献最大的
- 能强化我们的快速交易这一竞争优势的
- 能强化客旅网品牌的
- 对员工满意度有积极正面影响的
- 有望实现快赢及长期收益的
- 增大成功机会的

OPP 步骤 2：分析资源能力

对于一家机构来说，要在一年里启动为时 4 万小时的战略举措，却只有 1.5 万小时可用于所有的项目（包括战略性的与战术性的）的这种现象，其实并不鲜见。这种理想与现实的巨大差距，并不能靠"实干加巧干"来弥补。

除了祷告出现《圣经》中"面包和鱼的奇迹"，我们不得不"有舍才有得"。要么损失举措，要么损失日常运营。

有些组织，如美国航空航天局（NASA）、梦工厂、麦肯锡，以及绝大多数的广告公司、律师事务所，是完全的项目驱动型的。其项目容量就是整体资源能力。而在其他众多组织里，项目则存在于日常运营之外，从而导致项目"带宽"不那么显而易见。

在OPP步骤1中，你和你的高管同人处于设置优先级标准的一线和中心位置。在步骤2，你还要引入一位或多位分析师。通过访谈、探究、工作及目标检视、工作成果检视，加之自身经验和判断的运用，分析师将得出一个大方向正确的项目容量估算。这个估算将既包含组织各个部门的总"人工时"，还包含机器、设施设备、物料的总可用量。

以简单的"举措A需要X个人工时"为依据，并不足以帮助你实施人员配置。为确保价值最大化，你的能力估算还需要以便于资源分配决策的原则来分类。例如，你要按岗位类型（工程师、财务分析师）、按技能（酒店前台接待、外币兑换）、按熟练度与经验（专家、新手），甚至按个性特征（创新者、执行者）来明确罗列出每个项目的需求。

当心！这个步骤会成为分析黑洞。特别注意我们曾说过估算只要是方向正确即可。当人们需要两三周的时间完成一张时间表，以避免估测失误时，其将能力估测值准确到小数点后三位所带来的收益，与投入相比并不划算。

举例来说，我们曾受邀为一家快速消费品加工与分销公司的人力资源和组织发展部实施项目组合的厘清与聚焦咨询。该部门有很严重的痛点。项目的绩效很差，每个员工不以为怪。然而，与该部门内部客户的访谈让一个普遍的观点浮出水面，即该部门一直持续不断地在干着错事。对参与其中的人而言，这倒是个新闻。

评估项目带宽在这个组织中是件富挑战性的活儿。因为，每名雇员的日常工作时间都没有做记录或预估。我们并不想启动一个详尽彻底的调研，因为它会导致决策制定严重拖延。所以，我们向部分抽样雇员实施了一项问卷调查，问的都是诸如当前与历史的项目参与度，以及他们对这些项目的技能贡献这样的简单问题。答案足以让部门管理层做出相当正确的、符合部门项目组合的能力估算。

在决定哪个项目该舍弃或推迟，余下的项目中哪个该继续获得最高关注之前，客旅网高管层需要明了，在不影响日常运营的前提下，还有多少时间可资项目使用。他们指派了公司两位最灵光的年轻人统计各个部门达成日常工作（所谓维持火车继续跑的工作）业绩所需的小时数。然后，将其从总可用工时中减去，就得出了项目可用工时。

高管这下找到了自己申请房地产按揭时第一次统计家庭月度开销一样"哎哟"的违和感。当发觉项目可用工时是如此紧俏时，高管团队便可基于现实做正确的举措合理化决策、人员编制决策，以及外包决策了。

现在，你已经在漏斗前装好了滤网，准备统计过滤后的项目总工作量了。

OPP 步骤 3：收集整理现有项目信息

本步骤起始于高管层对**"项目"**的定义达成统一之时。我们定义项目为"指向同一目标的相互关联且不重复的一系列活动"。然而，这个定义并未明确规模。你总不会希望项目组合里塞得满满的都是 5 人·天的小项目吧。你自然要聚焦于那些最具影响力，且要耗费大量资源的举措吧。譬如，在步骤 2 提到的人力资源部，只考虑耗时 6 周以上、大于 10 人·天或耗资 1 万美元以上的项目。

正如步骤 2 一样，OPP 步骤 3 的其余部分，要由一位或多位分析师，凭着对细节的注重、雄辩的口才、项目管理经验，以及打破砂锅问到底的意志来执行。他们该遵循的流程是：

- 识别正在进行的、已提报且批准但尚未启动的，以及已推选却待裁定的项目。如果这些项目，如同普遍情况一样，并未整理在一张报表上或白板上的话，分析师就不得不花大力气深挖了。

- 就每一个项目，他们要回答如下问题：

——项目名称或标题是什么？

——项目目的是什么？限定 25 个字以内描述其如何能为我们的成功做贡献。

——项目的交付物（产出物）是什么？

- 项目处于哪个阶段（定义期、规划期，还是执行期)？

——支持者是谁？项目经理是谁？谁在项目组里？利害干系人都有谁？每个人在项目中扮演什么角色？

——在我们尽可能精准地对时间与努力评估后，该项目迄今耗用了多少人·周数（或人·月数、人·年数)？耗费了多少资金？

——毫不奇怪，你会发现项目的这些信息要么就本来没有，要么就未曾备案。在进行之前，分析师往往需要捕获这些信息。如果该组织使用了第 2 章所描述的"项目提案建议书"，那么这部分的工作是十分简单的。

- 就当前项目做一个全面性摘要，内容包括前面提到的信息，并分类为：

——**项目类型**。例如，产品开发项目、营销项目、客户服务项目；或者，增收项目、降本项目、安全项目；或者，A 产品项目、B 产品项目、C 产品项目；或者，战略项目、运营改进项目。

——**资源类型**。来自各部门或区域的哪些类型的员工要在项目里做贡献？需要什么机器设备？需要什么设施？需要多少钱？

——**时间**。项目计划的起止时间是何时？何时需要相关资源？

如果在步骤 1 够用心、够努力的话，高管们在步骤 3 的日子就会轻松许多。一套好的项目组合标准，即便是参照未来所制定，也既能够且应该为捕捉当前信息提供焦点和思考框架。譬如，一个"强化品牌"的标准，能让你发问："当前进行的哪些项目是以品牌塑造为目的的？"而"降低成本"的标准能触发你发问："哪些降低成本的举措在推行？"

本步骤常常会令人瞠目结舌。例如，在步骤 2 提及的人力资源团队进入步骤 3 之前，副总裁曾指出，"当前的项目不超过 20 个"。而当我们揭示有 63 个的时候，她大为震惊。

针对是否值得将资源投入到一个无法预测的项目，以确定项目活动水平这个议题，经过一番窃窃私语的讨论之后，客旅网的高层决定，指派在步骤 2 中做过项目容量估算的几位分析师继续步骤 3 的分析工作。分析师们获取了项目定义——即便是非常正式的、高曝光率的举措，多半尚没有项目定义——并针对每个正在推行的项目，评估了当前及未来的资源耗用。他们也将已规划好但尚未启动，以及意向要做但尚未批准的举措添入其中。

当接受了项目活动的当前水准时，高管团队有了颇具预见性亦很有价值的洞见。如同在大多数组织中一样，项目平台已被装满并溢出了。无论胃口有多大，想要吃得舒服，就不得不有所舍弃、有所延缓。所谓要么扔掉，要么打包下一顿再吃。

OPP 步骤 4：评估项目组合

现在，你应该十分清楚哪些项目能进入项目组合漏斗了。你所掌握的信息将让你能完整而公正地依照 OPP 步骤 2 所设定的目标来评估每一个项目。在步骤 4 中，高管团队要完成一段极度痛苦，但却很有必要且启迪心灵的历练，最终产生如下的决定：

- 应该合并的项目。
- 要推行和要叫停的项目。
- 要推行，但要待资源可用时继续的项目。
- 要优先推行的项目。
- 要按序推行的项目（有些项目可以并行推进，而有些则需要前后衔接）。

在这个步骤中，你和你的高管团队也要对项目定义、项目目标、项目角色及资源配置做必要的调整。

本步骤的一个关键产出是一份与所有的利害干系人充分沟通项目组合的计划。沟通要明确回答"是什么""为什么""如何做"以及"对我而言它意味着什么"。

在步骤 1 中提及的家电公司，原本主张同时推进正在进行以及获准启动的全套 77 个项目。一些高管天真地认为，仅需设定优先序并规划出一份时间表就可以搞定。然而，经过从步骤 3 到步骤 5 后，他们确定自己只够应付其中的 36 个项目。其他的项目要么取消，要么暂停待资源可用时再继续。同时推进 36 个举措，对许多组织而言仍嫌太多。不过，如家电公司这般规模的组织可另当别论。他们的举措并非从同一个资源池吸取资源，还有许多项目并不需要高层过问，并且是在为时三年的战略周期内分步执行。

经过这个流程，经验教训与成果一样有价值。快销品公司的人力资源团队通过 OPP 步骤 4 推导出的优先级排第二的项目竟然是"调整出勤监控流程以符合《欧盟工时限定令》"。在高管团队做这个 OPP 审议前，人力资源部副总裁竟完完全全地不知晓这个项目正在自己的部门开展着。

客旅网的高管在此步骤中收获了回报。他们运用步骤 1 所得出的标准，以及步骤 2 的能力限定，取舍步骤 3 所采集的现有项目，来确定项目组合。经过删减、合并、降级、推迟以及优先序调整，他们将整个集团的项目清单从 41 个缩减为 6 个，并确保留存项目都有支持者、有资源，也有管理，以使成功概率最大化。他们还识别出了 7 个其他项目，一俟资源可用，即可在下一个波段启动或重启。对个人而言，他们觉得自己从未如此紧密地掌握业务中相关特定举措的这一面。更为重要的是，他们信心满满地认为，客旅网的战略举措被赋予了合适的资源及重视度。

OPP 步骤 5：实施一个持续的项目组合管理过程

项目组合管理工作只有在成为一个持续不断的过程时，才能获得可观的回报。步骤 5 要回答的问题是：

- 是否要指派一支高管团队来负责对项目由始而终的监督与指导？这个"项目组合管委会"成员通常与组织的高管团队是同一拨人马，用正式委员会的形式来确保成员定期参与会议，讨论项目议题。
- 是否要设立一间"项目办公室"，让人花部分时间待在那里关注当前项目的绩效，将项目问题暴露在台面上，并向高管团队陈述"项目联盟主题演说"呢？（参见第 4 章）
- 需经过什么流程才能将项目添加到项目组合中去呢？什么流程会导致项目延误或取消呢？
- 你如何确保企业文化能促进项目绩效最优呢？
- 你如何确保项目发起人、项目管理者以及项目组成员，具备扮演项目角色所需的技能呢？
- 你如何确保有关人的问题在项目中能被解决呢？

如同其他业务流程一样，项目组合管理也应该画出流程图来。尽管我们所表述的各大阶段可供任何组织用于宏观或中观的流程框架，但每个阶段内具体的各个步骤还必须根据你的情境做个性化定制。角色需要清晰地设定（详见第 6 章）。而项目组合管理流程还要留出与其他流程（包括产品开发/发布流程、预算流程、绩效管理/评估流程）关联的接口。

那家快销品公司的人力资源部发现，其 OPP 项目最具价值的成果，并非来自起初的优先序设定，而是来自针对内部客户的关系改善与信誉强化。因为在所有的部门审议中，"客户之声"足够大、足够清晰，从而导致整个流程将人力资源的项目导向客户优先。该部门第一次被客户认为是专注于他们的需求，而不是受本部门狭隘利益以及主观的"这对他们有什么好处"感知所驱动。该部门部署了一个持续运转的流程将举措状态汇报给他们的客户，并让客户参与项目组合的正式更新工作。

基于对项目"立即推行/暂缓推行/撤销"决策的认同与满意，客旅网的高管团队对"唯有将其纳入对企业业务的持续管理工作之中，才可从这个流程中获得最高回报"达成了共识。更具体地说，他们：

● 为高管委员会设立了一个固定议程，让每次会议都检核六大核心战略执行举措的状态。

● 启动了一个流程，让各业务线及各部门执行相同的**最优项目组合**流程。而这个流程之前只在集团层面做。

● 设定一套规则与模板，用于举荐启动超过 100 人·时的项目。

● 设立一个单人的项目办公室，确保实时号准项目活动的脉搏。

● 发起企业文化研究，了解企业文化的各个侧面，无论是支持还是阻碍项目卓越的。

OPP 步骤 5 不仅对设定一个最优项目组合很有价值，这个流程还能解决图 3-1 中所展示的所有关键成功因素（CSF），这些关键成功因素会在后续各章详述。同时 OPP 最优项目组合也被作为战略执行的基础。

设定最优项目组合：案例研究

在战略规划过程中，某总部设在美国的跨国消费品公司的高管团队出现盲点。这家"旧经济"的公司得出个结论，认为自己的主要竞争优势是其品牌优势，以及促成"客户对客户"沟通的能力。高管团队成员在运用头脑风暴思考各种途径以强化自身优势时发现了一个机会，那就是借助 2.5G 和 3G 手机提供数字化服务，而这在欧洲及东南亚颇为流行。由于担心这个机会有可能被守旧的文化氛围所扼杀，于是，他们设立了一个独立的公司来做这个业务。这样，集团公司就扮演着风险投资人的角色，提供资金并实施监管，

图3-1 举措优先序设定：战略执行的关键成功因素

但并未加诸严格烦琐的管控，也未植入自身"模拟时代"的企业文化。

在引导高管团队作战略审议的过程中，我们问了一系列的问题，帮助他们识别、排序、规划有助于新公司业务开展的一系列项目。还帮助他们设置项目有效交付的支撑体系。我们从第 1 章和第 2 章展示过的**企业模型**开始，识别项目。经过一番修剪、合并、升级，高管团队列出了有 30 个战略举措，共计 7 套项目集的项目组合清单。

公司由于在初创期，统共只有 25 人，自然不能同时启动 30 个项目。所以，高管团队要回答本章的两大主旨问题：

- *我们可以承担多少个项目?*
- *我们如何确保所启动的项目能最大限度地贡献于战略执行?*

在 OPP 步骤 1 中，高管团队基于刚刚拟定的战略，筛选、设计、排序项目甄选标准（参见图 3-2）。

战略要务	项目优先级标准
机会	
增长迅速的移动消费人群	极速抢占市场（10）
竞争尚不充分	
消费者能够且愿意为基于2.5G/3G的、有趣的个性化服务埋单	支持战略价值主张的交付（9）
价值主张	
无线对目标客群年轻人具有最大的穿透力	
利用母公司品牌优势拓展市场、惠及消费者	支持使用母公司品牌（5）
价值创造	
持续投入IT建设预算，以及薪资、运营经费、营销经费	投资回报（ROI）最大化（8）
三年内实现盈亏平衡	
管理商业风险，防控因技术的快速演变所带来的风险	商业风险最小化（5）
第一阶段成功实施的前提条件	外部伙伴价值最大化（7）
强壮且多样化的合作伙伴	
快速准确的资源配给	快速招聘部署合适雇员（7）
强劲的IT平台	对强韧流程与IT开发的支持（4）

图3-2 数码服务公司战略要务与项目优先级标准之间的关系

我们和高管团队十分欣喜地看到，这些标准在短期与长期需求、外部与内部导向、高瞻远瞩的企业家精神与脚踏实地的实干家理性之间取得了良好的平衡。

团队也很快认识到，这些标准并非同等重要。图 3-2 括号中的数字，代表各个标准在优先序上的相对权重。

由于这是家小型新创公司，可以 100% 地投身于项目，所以项目容量（OPP 步骤 2）确定和当前项目负载（步骤 3）的确定相对容易。因公司尚未有正式的组织架构，所以我们要识别出能供项目调用的各种核心技能（如业务拓展、研发及财务技能）的平均天数。

在 OPP 步骤 4 中，高管团队历经一个严谨的决策过程，将每个项目的每项标准都与其他 29 个项目做了比照。然后，再加权平均，确认"极速抢占市场"上的最高得分项目，其影响力是"支持使用母公司品牌"最高得分项目的两倍。由于在整个过程中不曾删减任何项目，所以他们可将各个项目归入所谓的"优先序四分槽位"中的一个槽位中。这种分级方法既可实施资源分配，又可实施资源排序。例如，那个"组织架构设计"项目与"销售与大客户管理流程设计"项目同处一个优先序四分槽位，但后者与前者有依赖关系，且要以前者完成为前提。

有优先级和先后顺序的加持，高管团队转而设计时间表。他们运用容量分析——OPP 步骤 2 和 3 的产出——来确定他们在某个时刻可以干多少工作。例如，他们确认第六个项目（品牌指南开发项目）甫一启动就耗尽了公司的营销资源。其他需要营销专家的举措，不得不暂停等到这些资源有空之时。整体项目的排期要超过 16 个月。

高管团队意识到，制定项目组合不能是一次性的工作。正如步骤 5 所描述的，要将其视为一个流程，用于持续检视、持续更新项目组合；还要将其视为一个支持项目卓越的基础。

高管团队还发现，OPP 的严谨性很挑战人，但却很值！这个过程所浮现出来的问题和决策，靠其他途径极有可能无法揭示。而更重要的是高管团队感受到，原来战略执行是有章可循的，企业经营也是可控的。

这个案例是针对初创的、小微企业的。在大型组织中，我们频繁地发现 OPP 既可以在部门层面和分区层面制定，也可以在集团层面制定。

聚焦词

乍一看，**最优项目组合**流程似乎有些公式化。但如果你和其他与我们合作过的高管那样的话，就会在实施过一遍之后将其完全内化。虽然这个过程既耗时又耗钱，但这个流程是根植于一种信念，那就是：高效组织的特质就是**聚焦**。在当今激烈竞争的市场中，荷包再鼓的公司也必须保存实力（人力和财力）。

感谢如下的格言：

> **玩抛球杂技你能同时玩几个球不掉？你是宁愿同时干 9 个项目个个不尽如人意，还是同时干 3 个项目个个都精彩呢？**

管理项目组合，就如同管理投资组合中的资产。组合要针对你的特定情况而设计，按需投资，妥为监控。它还需要定期调整以符合你的最新境况。

接下来的章节将详尽描述一些便于你使用和实践的基础设施，用于确保你的项目组合确确实实能支持你的战略执行，也符合你的投资回报预期。

第 4 章

确保战略成功的结构

格温·菲利普斯是第一威奇托银行的运营执行副总裁，第一威奇托银行是一家资产 10 亿美元的地区（美国堪萨斯州威奇托市）性零售银行。银行的成长性、利润率、客户保持率，以及争议性业务零参与的记录（规模比第一威奇托大些的竞争对手很多都深陷其中）一直令她引以为傲。从美国中西部名不见经传的原生地起家，该行在业绩上已具有了相当大的影响力，特别是在新技术的运用上，以及针对中产阶级的服务种类开发上。

格温和她的高管同事相信，第一威奇托的成功很大程度上要归功于两大无形资产：孵化创新的企业文化和将创意高效变现的能力。在最近的战略更新中，团队成员甚至评估了一系列可能的发展方向，最后决定仍然坚持既定的发展方向。还是头一次，他们正式提出将开发新型服务作为主要的竞争优势，并作为本行的壮大之源。

从不安于现状的格温相信，第一威奇托的服务研发"战车"，尚有一些瑕疵：

● 银行的核心能力仰仗于少数人的几项技能。而这几个人的本职工作是管理新风险投资项目。尽管很幸运有这样的人才，但她仍然认为，依赖个人英雄主义风险很大。几位项目经理看起来对银行还算忠心，但她并不希望将公司的长期健康发展押注在几个天赋异禀人才的忠诚上。

● 她对高管的参与度十分担心，因为她认为自己以及高管同人并未获知足够的信息，也未充分参与举措的提报与定义工作。她相信在高层的指导下，从行业以及银行层面的高度看举措，要比在操作层看得更高、更宽、更远，这样对举措的正确提报与定义更有利。而且，她认为如果这样的话，一旦战略举措定义出来，高管团队就能更加地贴近举措，更加了解举措的部署与推进状态。说到底，这些项目可以说就是第一威奇托银行打造竞争优势的燃料。

- 随着举措的数量、复杂度以及重要性的与日俱增，格温预见到，未来项目与项目会互相冲撞、互相恶性争抢资源，难以实现跨项目协同。虽然并不想给项目经理的创业热情泼冷水，但她的确希望项目经理之间能彼此协调配合。

- 另一个协调配合的缺陷在项目与银行日常运营的接口上。例如，负责为高净值人群开发新型服务的项目团队，与客户关系管理部门以及信用部门非但沟通不畅，甚至关系日趋紧张。

第一威奇托成功的基石之一，是执行力。格温认为，唯有弥补这个缺陷才能让银行百尺竿头更进一步。

传统组织架构与举措组织架构的校正

"只要有正确的组织架构，且各部门都有合适的领导人，那么一切问题都将迎刃而解。"这句话尽管不会有高管认同，但却往往成为他们行为的魔咒。绝大多数的组织再造，回报远远低于投资，却总有个好借口。太多的高管在重复不断地调整组织架构以图解决与组织架构配置失当无关的问题。

可以看看这个典型的桥段：一位董事总经理，对公司推出的新品数目很失望。作为应对，他重组了预研部、开发部和营销部，并撤换了这几个部门的老总。然而，无论新架构如何高大上，也无论新部门经理如何星光熠熠，这些行为并不足以解决——甚至反倒加重问题——如果其根本症结在产品开发流程上，在抗拒创新的企业文化上，或在系统工程人才的缺乏上的话。由于组织再造是一种斩草除根式的、严重戕害生产率的活动，所以我们要把这剂虎狼之药留到确认对症后再下。

尽管我们不想夸大组织架构的疗效，但它毕竟是影响战略举措执行成功的重要变量之一（参见图 4-1）。即便能力再强的项目发起人、项目管理者和项目组员，困在妨碍工作达成的组织架构中，也将无从建树。屈从或抗争架构的每一时，都会侵蚀有效产出的每一刻。架构会左右行为。一个拧巴的架构会导致必要的关系难以建立，必要的承诺难以达成，必要的责权难以施展。

由于举措是战略执行的载体，所以，你自然不希望架构成为战略征途上的钉子。我们建议你要首先确定，现有架构中有哪些支持最优项目绩效的因素，有哪些阻碍效能和速度的因素。只有在此之后，才能做必要的架构变更，以剔除不健康组织。你面临的挑战是如何选择一个既能让举措欣欣向荣地发

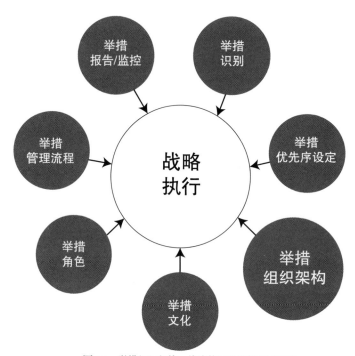

图4-1　举措组织架构：战略执行的关键成功因素

展，又不拖日常经营后腿的组织架构。

选定一个支持举措的组织架构

为了让你的组织架构既支持战略项目，又支持日常运营，我们建议你和你的高管同人遵循以下三步法。

第1步：制定架构甄选标准

这些选择标准衡量的是一个组织架构服务于举措和日常运营所应该具备的特质。而这些标准将用于第3步中候选架构的遴选。

格温·菲利普斯，那位本章开篇提及的第一威奇托银行的运营执行副总裁说服高管同人认同，组成银行新风险投资举措团队的那些高技能员工，需要获得银行组织架构的支持。于是，高管团队着手制定甄选标准：

- 关键战略及战术举措效能最大化。
- 关键举措效率最大化。
- 高管指导关键举措参与度最优化。
- 对日常运营负面影响最小化。
- 员工激励。
- 角色分工明晰最大化。
- 变革实施时间及成本最小化。

他们还考虑为这些指标分配权重，以体现各指标的相对重要性，但最终他们的结论是，各个指标对决策的影响同等重要。

第 2 步：设计候选架构

因为要考虑更宽泛的可能性，所以本步骤鼓励创意。尽管可能有瑕疵，当前的组织架构也应该作为候选架构之一；即便不完美，但它或许不会比其他替代方案背负更多的包袱。有的时候，"不作为"反而是最佳选择。

候选方案的描述要有足够的细节，以确保可运用第 1 步所设置的甄选标准来评估。

第一威奇托的高管团队设计了这些候选方案：

- 候选方案 A：维持当前组织架构及角色，即每位项目经理及组员都兼而负有举措责任和职能责任（部门职责）。
- 候选方案 B：针对重大（条件待定）举措，指派全职项目经理及组员，向现有功能（部门）负责人汇报。部门负责人继续作为举措的支持者。
- 候选方案 C：指派全职项目经理和组员，向新成立的"项目办公室"汇报。项目办对项目绩效负责。
- 候选方案 D：将候选方案 A 加上一个项目办公室，如同候选方案 C。项目办由两位全职的项目管理专家构成，所不同的是，这两位专家虽不对项目绩效负责，但要负责指导、引导、工具提供、通报所有重大变更。

●候选方案E：如同候选方案B的全职项目经理及组员加上在候选方案D中配置的项目办公室。

第3步：评估候选方案，敲定最佳组织架构

由于整合举措行为与部门行为没有放诸四海而皆准的最佳模式，所以，本步骤的目的是确保项目组织架构能最好地满足组织在特定时间节点的需求。譬如，各候选方案对举措效率的贡献有何差异？各候选方案对日常运营（非项目工作）有何影响？如果严格执行本步骤，就会激发出针对组织架构的优缺点的激烈讨论，结果往往会产生一个新的候选方案。

第一威奇托的团队成员运用第1步中的标准来比较在第2步中识别出的五个候选组织架构的优劣。他们决定选择方案D和方案E。虽然这两个方案在每项标准上的得分不是最高的，但总分要优于其他三个。在评估了这两个方案的风险性后，他们最终选定了方案E。

项目办公室的作用是什么？

或许，你会对第一威奇托候选方案中的项目办公室有些好奇，在探讨这种候选组织架构之前，我们先来做个类比分析：

●某CEO对公司战略负责。但是，他下面会设有战略规划部长负责统筹战略情报的采集、计划日程的安排、战略会议的召集，以及战略实施进度的汇报。

●某工厂经理对现场的安全负责，但是，他下面通常设有安全主任负责收集评估绩效信息、指导安全问题的解决、提供安全方针的权威解释、识别需求并统筹安全培训，及发挥确保安全工作环境的"员工良心"作用。

●某运营副总裁对产品质量负责，但他下面或许会设有全职或兼职的质

量经理扮演与安全主任类似的五个角色。

鉴于举措的重要性及其对资源的需求，许多组织会专设**项目办公室**，来充当与战略办、安全办和质量办类似的角色。**项目办**对所有正在推进、刚刚启动，以及意向中的项目履行"任务管控"之职。如同战略规划办、安全办、质量办一样，**项目办**的职责或许交由某人兼职、专职担当，或者——在项目型组织中——由两到三人共担。

项目办的目标，并非对单个项目的绩效负责。如果这个办公室令举措的部署工作官僚化，那就彻底失败了。优秀的人力资源部会改进直线部门经理的员工关怀和员工技能开发工作，但并不直接管理员工。强壮的财务部门会提升直线部门经理的财务管理能力并为其决策提供基础信息，但并不替他管理数字。同样的道理，强有力的项目办，将提升高管、项目发起人、项目经理，以及项目组员在项目中的绩效。

我们并不是要求你一定要设立项目办公室，而是帮助你充分理解它的作用和意义，以便于你思考其潜在价值。

项目办公室做些什么？

项目办公室需要客制化，以符合组织的项目载荷与环境的特定需求。其组员基本上要扮演以下部分或全部角色：

● 担当**项目提案流程**（参见第 2 章）的拥有者（owner）。项目办要设计一个便捷高效的格式用以填写举措，还要设计一条流程以便合适的个体或团队能针对举措建议提供即时而理性的决策。自然，项目办要确保这条流程包含评估和筛选标准。项目办通常会协助项目发起人定义并采集信息——如资源需求预估——以便高管评判举措建议。

● 担当**最优项目组合流程**的拥有者。正如第 3 章讨论过的，项目的全部附件内容要在这条流程中按优先序和可控度做评估，同时，这条流程还要在项目启动、项目结案、优先序变更，以及项目资源消耗超计划或低于预期时对项目组合做调整。高管团队是项目组合的决策主体；而项目办的作用是发起决策动议、框定决策主题、备案决策，并确保决策执行。

● 评估**举措环境健康度**。为获得高项目绩效，举措环境健康度评估能有效识别、清除项目障碍（详见第5章）。例如，某保险公司高管在审议战略时决定与某经纪公司结盟，委托该经纪公司管理成长性良好的养老金投资。保险公司的项目办（只配置了一个人）第一个发现，该举措的执行过程一直很拧巴。于是她找出了问题的根本，原因在于"极度规避风险的"企业文化特质。她随后的行动是向高管团队展示自己的分析报告、协助决策及行动计划制订，并监督文化障碍移除工作的各个步骤。

在组织整体绩效考评与管理系统中，需要输入项目的绩效信息。这部分项目绩效信息也要由项目办负责提供与管理。

● 确保组织对举措的成功至关重要的各角色——支持者、项目经理、项目组员、目标人群——的身份、价值，以及职责有正确的认知（详见第6章）。

● 带头选择并确定项目及举措管理的**语言标准**，包括流程、模板以及软件（详见第7章和附录A）。项目办员工在有更好的工具可用之时，要及时升级项目方法。他们要根据组织环境定制适用的技术、技巧及手法，为举措执行者提供工具及培训，还要对偏离轨道的项目纠偏。

● **监控**组织的整体项目绩效，考核其成效、成本和时间，并向高管汇报（详见第8章）。这个角色并未抢走项目经理或项目发起人的工作。当这些人监控并报告各自负责的项目之时，项目办则负责报告整个项目组合的绩效情况。运用可视化符号——如用红黄蓝灯表示项目状态——能让高管层即刻看到单个举措的健康状态以及项目整体的健康度。

● **搭建并流畅化跨举措接口**。若要做好接口工作，项目办必须致力于以下工作：

——**共享信息、经验和成果**。例如，既参与库存管理改进项目，又参与无线局域网项目的成员之间应该密切合作。我们曾为一家耐用消费品公司提供咨询，其项目办的关键角色是协调两个流程改进项目组的产出：一个聚焦订单交付，另一个聚焦生产。

——**确保以一致的价值观指导项目活动**。例如，外包非核心功能的战略决策，既要用于物流优化项目，也要用于后勤人员合理化项目。

——**设定恰当的举措顺序**。例如，战略制定项目，应该在营销活动开发项目启动之前结案。

● **规避项目重叠**。例如，客户服务部主导的客服强化项目，与人力资源部主导的客户关怀培训项目的最终目的，都是解决同样的需求、采取同样的行动，甚至是以不同的方式达成同一目的，结果导致资源分散及浪费。

● **规避"覆盖缺失"**。两个项目都假设由对方提交必要的产出。例如，某银行的投资规划产品项目组与尊贵客户营销项目组互相以为对方会开发出资产配置模板。

● **解决跨项目冲突，实现协同效应**。项目办占据着最佳位置，可鸟瞰项目全局，所以能观察到项目冲突，也能解决冲突。例如，新产品发布就不该与成本控制举措顶牛。

● **识别并变现潜在机会（所谓1+1>3的境界）**。例如，某工厂因将维修改进项目与设备升级项目建立强关联而获益丰厚。(有关**潜在机会分析**的讨论，详见附录A。)

捕获并传授**经验**，这样未来的项目就能：

● 利用项目所构建的框架。例如，订单交付优化项目的工作分解结构WBS，或许就是一个非常有效的模板——或至少是个出发点——供其他业务流程改进项目所用。

● 将做得好的部分加以复制或延伸。例如，某项目经理在为新需求做资源再配置方面干得既高效又及时，而这种本事几乎所有项目都需要。

●规避项目的副作用。例如，某项目实际充当了不向利害干系人主动沟通，也不主动征求利害干系人意见的反面典型。

●从过往的特定领域（如光纤产品分部）项目，或针对特定受众（如研发人员）的项目，或特定发起人（如工程副总）的项目中获取经验和收益。

当项目历史信息达到相当大的量级时，项目办可以创建一个具有关键字段索引的数据库，以便相关部门直接访问经验案例。

项目办是手段还是目的？是常设的还是临时的？

项目办的目的在于：管理项目流程的所有权（ownership）；实施项目控制；提供高阶的举措管理技能；实施项目引导；做项目报告；作为项目情报交换所。如果你能匹配这些需求，却不需要在组织架构图中增加一个部门，那就更棒了。

一个将质量管控嵌入到流程以及实践中的组织，是没有必要设质量部的，因为人人都属质量部。同样的道理，一家项目管控达到一定成熟度的组织，设置项目办纯属多余。然而，优质的项目要靠某个人或团队担任之前所描述的角色，并且应该在举措初始之时就指定好，而不是等触礁后再找人背黑锅。

项目办该设哪些岗位？

项目办——无论由若干全职或兼职人员构成——应该有一到多位具备以下资质的人：

●具丰富且多种类项目管理经验
●精通已作为专业语言的项目管理流程（详见第 7 章）
●具引导团队的能力
●获得作为举措发起人的高管的信任，并能接触到高管
●获得项目经理及团队成员的信任
●极度关注细节

●会玩抛球杂技（或更典型的是，将一个球、一只网球拍、一块铁砧、一把火炬抛在空中不掉的能力）

随着战略性客户比例的增大，除设置项目办公室外，CEO 还喜欢指定一位战略执行官；有时也用战略执行官取代项目办。这个人——全职或兼职——将协调并捍卫所有战略举措的执行。起码为了项目组合的战略要素，他也要扮演项目办的角色。

设置项目办的缺点有哪些？

正如其他的投资一样，设置项目办也有风险和代价。例如，它需要占用一位或多位干才的时间；若管理不善或督导不力，项目办会堕落成专司"管卡压"而不受欢迎的部门；会变得官僚、碍事，而非简化、促进项目的推进。另外，项目办还可能沦为无权无势，养着一帮闲散人员的后勤部门。

潜在问题分析（详见附录 A）能帮助你采取必要行动避免掉入这些陷阱。

构建支持举措的结构还有什么办法？

项目办并非你战略执行箭囊中唯一的结构之箭。无论成不成立项目办，你都应该为其他机会而时不时地更新组织架构，以支撑举措。例如，我们曾指导一支团队，他们负责为某电脑生产商改进产品开发流程。在那个项目中，团队变更了电脑生产商的组织架构，拆除了部门壁垒。因为这些壁垒妨碍新产品举措的绩效达成。另一个案例是，我们曾帮助很小众的某国防工业承包商构建"卓越工程中心"，以便能快速地找到对项目成功至关重要的人才。

校正组织架构：案例研究

某药企的高管团队持续焦虑于战略执行的进度。他们也投入了相当多的时间用于调整公司的产品侧重、识别新的市场。尽管高层认识到，如此重大的变革不会一蹴而就，但也不禁怀疑，在自己的有生之年能否看到变革的实现。

这家公司已经能非常娴熟地指派战略举措的项目发起人、项目经理、项目组成员。但高管们仍然怀疑组织架构会妨碍这些聪明能干、尽职尽责人才的工作努力。他们邀请我们针对这种情形做一独立分析。得出的结论是：

● 现有组织存在若干强势、独立而互相竞争的部门，这些部门的经理们都置跨部门项目于不顾。导致：（1）潜在的项目发起人将公司层级的举措视为对自己主要工作的干扰；（2）有能力的人才很难抽身担任项目经理或项目组成员。

● 项目启动后，没有清晰的指导方针帮助大家权衡项目工作与部门职责。而非正式的奖励制度，仍旧导向"本职工作"，导致大家对项目的贡献不足。

● 缺少一个论坛用于新项目的试行、现有项目的调整、项目问题探讨与解决。项目变更也仅限于在高管月度例会的一个30分钟议程里讨论。在这点时间内要说明原委、达成共识，并让高管设定方向，很不现实。此外，高管对这些举措的重视程度，在不经意间传达出明确的信号，那就是这些战略举措的优先级并不高。

这家公司在设定项目角色方面有了可喜的进步，也正在制定健全的项目管理流程与工具。但上述分析让高管团队得出结论认为，采取的行动不足够。高管对举措绩效的关切，只有在正确回答了本章锚定的问题之后才能够解决。那就是：

> 现有组织架构该如何调整或改变，以优化战略举措及其他关键举措的执行，同时又不影响日常运营？

为便于高管团队的评估工作，以及设定组织结构的选择基准，制定了如下准则：

- 激励员工；

- 最大限度地明确举措角色与部门岗位；

- 提升项目决策的时效性；

- 优化项目管理及职能管理效能；

- 最小化项目获益时长；

- 最小化变革导致的分裂；

- 最小化执行时间。

随后我们帮助高管团队开发出了一组候选组织架构方案：

- **选项 A：维持原样**。当前的职能架构保持不变。五位总监——运营总监、市场及销售总监、财务总监、HR 总监、法务及产权总监——将充当举措发起人。举措发起人在部门内选拔项目经理。发起人和经理将共同挑选出跨部门的项目组成员。当多个项目组成项目集时，与项目集利害干系最大的职能部门的头儿，就担任项目集总监，统筹项目集的活动并解决项目间的冲突。

- **选项 B：设置全职项目团队并制定直管项目总监**。与选项 A 类似，职能总监充当发起人。但，项目经理将由直线部门经理担任，并直接向总监汇报。项目组成员与各自的部门经理构成实线汇报链关系，但要全职投入项目中，仅在项目结束后方可回原部门工作。项目组成员还与项目经理构成虚线汇报链关系。一旦组织缺乏必要的技能，将从公司外部选聘人才，并在项目结案后配置到适当部门中去，项目集总监的岗位及角色与选项 A 一致。

- **选项 C：设置独立项目组**。不同于选项 B，全职项目组员与项目经理的汇报关系将发生改变。在新成立的项目组中，组员实线汇报给项目经理。在大型项目中，发起人必须全职。项目集总监将投入更多的时间承担项目职责，也将比选项 A 和选项 B 更多地专注于项目活动与动态。

- **选项 D：矩阵式**。项目经理全职，但组员兼职。项目组成员投入项目的时间比例，在举措的定义阶段商定。不建议简单粗暴地将项目强加于十项全能型优秀人才，而应该重新设计部门的岗位职责，以配合项目职责。发起人和项目集总监的职位及责任与选项 C 一致。

高管团队依据准则评估了各个选项。鉴于决策的审慎性，以及尚无明显胜出者的事实，高管团队将他们的思考归入一个决策矩阵表中比较，得出以下结论：

● 选项 C 在"最大限度地明确举措角色与部门岗位"，以及"最小化项目获益时长"方面最强。但与选项 D 在"最小化变革导致的分裂"及"最小化执行时间"上最弱。

● 选项 D 在"激励员工"、"提升项目决策的时效性"和"优化项目管理及职能管理效能"上表现最好。

● 选项 B 各项都不是最强，并且"提升项目决策的时效性"和"优化项目管理及职能管理效能"并列最弱。

● 选项 A 由于不做任何改变，所以在"最小化变革导致的分裂"以及"最小化执行时间"上最强。但在其他方面得分垫底。

基于以上分析，高管团队选定了由选项 D 提议的矩阵式结构。他们尤其被"项目决策与职能决策分开"所吸引，因为这可确保战略举措的专注性。这种在项目活动间隙回原部门工作的用工形式，可确保由项目组所设计的变更，会充分考虑对项目实施的正面与负面影响。

于是，他们设立了一个集中的项目办公室，叫"项目集管理办"，针对预算高于 125 000 美元的所有跨职能项目，负责根据战略校正项目、跨项目整合、项目方法论及技能提供、问题解决方案提供、项目监控、项目报告、知识管理。项目集管理办配备了三位全职项目管理专家。他们还设置了现场项目办，在各分支机构扮演与项目集管理办同样的角色。每个现场项目办都配备两位全职项目管理专家。

在确定这个选项之前，高管团队还实施了风险分析，识别出的最显著的潜在问题是所有矩阵式结构的通病：员工受实线老板和虚线老板的互相撕扯。在上述角色调整之外，他们还设置了一个免责通道，让项目组成员通过这个渠道表达任何担心或关切。

结语

　　尽管没有一种结构可以补足项目发起、项目管理、项目方法论以及企业文化各个方面的弱点，但根据战略而调校的组织结构，能让有才干的员工发挥潜能，并引发其对自身技能、工具及环境缺陷的关注。支撑战略的结构就是卓越举措的承重柱。

第 **5** 章

创建可执行文化

赛布鲁克航空服务公司（Saybrook Aviation）在多个小型机场管理着私人飞机航站楼。其高管团队提出了一套战略，将为当前客群提供更广泛的服务作为企业的发展引擎。除了基本的飞机停放和飞行服务外，赛布鲁克还将提供常规维护、航路规划、过夜住宿、机上餐饮以及飞行培训。公司认识到，要将愿景变为现实，举措管理至关重要。

以公司新战略为航标灯，高管团队成员识别出了潜在举措（参见第 2 章）。从一堆候选项中筛选出了对应组织最高优先序的合理数量的项目（参见第 3 章）。他们还设立了项目办，并设计了跨部门流程，以洞穿妨碍项目成功的部门墙（参见第 4 章）。他们培训员工以便其能扮演各种项目角色，能运用一套稳健统一的项目管理方法（参见第 6、第 7 章）。

做好这一切，举措就能"凤凰涅槃"了吗？还未到火候！尽管打造好了举措成功的基础，但绩效成绩却黯然失色。每个项目都毫无例外地超出预算。唯有将各种资源从其他举措中抽调出来并强制人们日夜不停地加班，才有可能完成项目进度。导致员工一嗅到项目的气息，就避之唯恐不及。

原因分析显示，赛布鲁克的问题并不在于支持举措的架构或流程方面，也不在技能方面。其根源在于高管未曾考虑到的、战略执行的一个重要维度：文化。该公司的企业文化大体而言是健康的，但其并不能支持举措成功。在沟通、反馈、奖励机制等文化属性上，非但未考虑到，甚至是违背卓越举措的要求。

什么是"企业文化"?

企业文化是由规范、信念、价值观、做事方式所构成的企业个性。其属性包括待客之道、员工互信度、开会准时性、电子邮件的语气、员工工作/生活平衡度等。

可以把文化比作万有引力，它无时无刻不作用于决策制定与行为习惯（参见图5-1）。在大多数公司里，这股力量是无形的，而且被认定为——当然是错误的——无法改变的。

许多因素会对企业文化施加影响。其一是客户文化。沃尔玛的供应商采用了沃尔玛文化的若干属性；国防承包商的文化会很军事化；制药企业的行为举止、语音语调看起来像医生。企业文化还受创始人的价值观影响，即便他已离开。可以看看沃特·迪士尼、麦当劳的雷·克罗克、贺曼的乔伊斯·贺尔的持续影响力。公司的主业也会塑造企业文化。譬如，惠普是工程师文化；宝洁是营销文化；而栽了跟头的通用汽车，潇洒的"汽车人"被锱铢必较的会计师篡夺大位后，其文化自然也打上了"精打细算"的烙印。还有，企业所在的地域也会影响其行为，即便是全球化的公司。日本公司往往与美国公司、德国公司有不同的规范与习俗。位于美国南部农业州的公司，其观感和重心与放在北方都会州的公司有很大的不同。

然而，所有这些影响及主导企业文化的力量，都不及另一个势力强大，那就是高管的行为。你的价值观、偏好、个性、与人互动的风格，都会塑造整个企业的实践活动。高管的一个关键角色，是定义并推行能最大限度地支持战略的企业文化。

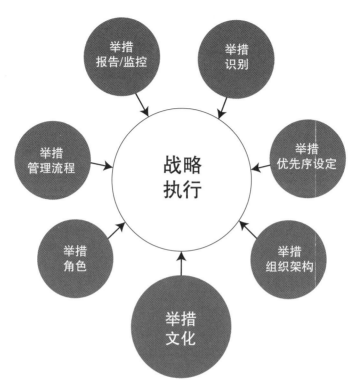

图5-1 举措文化：战略执行的关键成功因素

文化的变革不会一蹴而就，但它能够——往往是需要——变革。只要了解一下桑迪·威尔是如何转型花旗银行（Citibank）企业文化的，路易·郭士纳是如何对IBM的公司氛围实施革命的，史蒂夫·乔布斯在回归后如何鼓舞苹果（Apple）的，就可以知道文化是可以改变的。无论是支持者还是批评者，无不认可罗杰·史密斯对通用汽车的文化所施加的影响，以及迈克尔·艾斯纳对迪士尼文化的影响。还有，就在我们撰写本书之时，通用电气的杰弗瑞·伊梅尔特正在对其前任杰克·韦尔奇所打造的、获得广泛赞誉的企业文化施以变革。他强调靠客户驱动的创新来实现销售业绩增长，而较少强调靠流程驱动的成本控制。朝着这个目标，他启动了若干战略举措，旨在改变奖励机制、对营销施以更大的投资与影响，以及从外部聘请行业专家。

他实施文化变革的理由并非在于传统文化的失效，而在于经济及竞争格局的变化。

如果在大型组织工作，你的集团文化往往会是各种亚文化的熔炉。如果你所在的公司是靠并购发展起来的话，那么并购公司文化和被购公司的文化往往也存在很大差别。即便你所在的公司并未实施并购，各分部、各部门、各地区也很可能各有独特的文化。这并不见得是坏事。在集团公司所共有的一套价值观下，自然希望批发和零售分部、营销和财务部、日本及澳大利亚分公司，受监管及不受监管的业务都会有其独特的属性和行事方式。

文化差异可以是激励之源、竞争优势之源。但是，当文化差异激化为文化冲突时，你将遇到麻烦。在四分五裂的大家庭里执行战略是十分困难的。

图5-2再次展示了那个我们曾用于定位战略执行各个构件的企业模型。正如你看到的，文化是一个同时支持战略维和运营维绩效的关键要素。无效的文化会导致精心设计的业务流程以及优秀员工的贡献次优，进而严重损害战略执行。

在此，我们的目的不在于讨论文化的全部内容，也不在于探讨文化影响战略执行的各种方式。我们只聚焦于单个议题，那就是文化在何种程度上支撑战略举措，以及高管角色在何种程度上塑造企业文化。

与战略和领导力一样，文化亦对举措的绩效发挥着极大的影响力。你的文化——无论是精心设计的还是野蛮生长的——会鼓励或阻止组织的某些特定行为。项目在卓越战略与卓越运营上扮演的角色越重大，文化特质对项目效能与效率的支持或阻碍就越显著。

文化特质对举措执行的强大影响力，表现在对创新的鼓励程度、办事效率、风险担当的意愿度、沟通方式，以及决策放权的程度上。

文化是如何支持项目的？

如图5-3所示，绩效系统，是我们用于检验文化对最优举措部署的支持

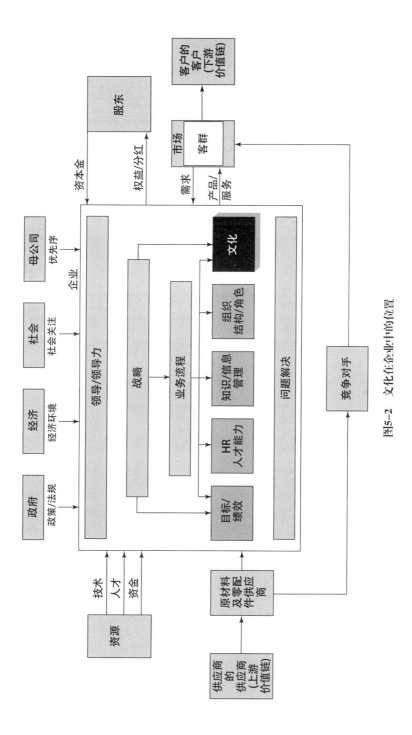

图5-2 文化在企业中的位置

（或妨碍）程度的一个框架。

　　绩效系统还可用来分析文化是如何对举措的参与者——发起人、项目经理、项目组员——以及所有受变革影响的人群产生影响的。这个模型能够作为一个通用的"项目文化"观察窗，或某个特定项目类型或项目地点周围环境的观察窗。

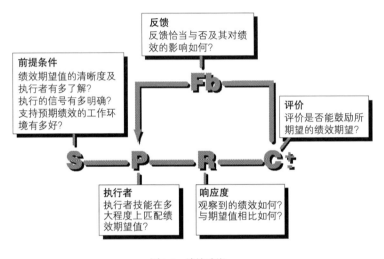

图5-3　绩效系统

　　在逐个介绍绩效系统的各个构件之时，将结合我们为某全球性家电制造商（参见第2章）咨询的经验，详细解读。

响应度：哪些行为是你期望的？

　　响应度针对每一个项目贡献者的结果与行为集合。例如，项目经理的主要预期响应是按时、按预算交付符合绩效标准的项目。其他的响应包括主持项目会议的有效性、向项目发起人汇报项目进度的频度，以及目标受众意见与建议征集的适度性。为确保期望值的清晰明确，发起人和项目经理必须明确定义"有效性"、"频度"和"适度性"。

　　这家家电制造商的高管很担心战略举措不能足够快地执行。尽管针对每个项目都用心而仔细地做过优化、做过资源配给、做过合理计划，但高管团队认定负责项目交付的人员过于专注"日常性的本职工作"而未将足够的时间与精力投入在项目之中。所以，高管们给项目经理及项目组员下达了如下期望的响应：在不牺牲日常运营的前提下要投入足够的时间与精力于战略举措之上，以确保其能按时按预算达成目标。

有关质量与时效的响应度是以下变量的函数：

- 由**前提条件**所提供的支持，以便执行者能做出响应
- 针对执行者达成或未达成响应度所给予的正/负面**评价**
- 基于响应度，执行者所获得的绩效**反馈**
- **执行者**能力的宽度与深度

现在，我们仍以该家电制造商为例来逐个考察项目文化引擎的这些变量。

前提条件：你为举措构建了支持性环境吗？

项目贡献者函数中的一个关键文化要素就是工作设定。就每个执行者而言，可以考虑以下提问：

> **项目各角色定义及其期望值清晰且可达成吗？**

例如：

- 发起人及项目经理们对自身角色的任务管理和人员管理工作有足够的理解吗？针对相应的指标，评估过他们的资质吗？
- 项目的兼职组员知道如何权衡项目责任和日常工作职责吗？针对相应的指标，评估过他们的资质吗？
- 当外部环境发生变化，举措进度发生变化，执行举措过程中产生了新的经验教训，以及举措所指定的资源发生变化时，期望值做了必要的调整吗？

> 项目流程及项目规程符合逻辑吗？

例如：

- 项目定义（就整体意图、特定目的、必要的工作分解结构、资源需求而言）完整吗？
- 项目计划（各步骤的顺序与时间表、责任归属与时间表，以及风险防范的应急预案）完善吗？
- 项目执行过程（监控、调整、收尾）有效吗？

（各括号中的具体步骤，详见附录 A）

> 项目贡献者调取、研究了各自项目工作所必需的信息了吗？
> 项目有充足的资源（时间、人、金钱、工具、设备）吗？
> 针对体力劳动的工作环境设置有助于项目卓越吗？

例如，项目组员是否有足够的私人空间、可控的干扰度，以及可供布置的项目"作战室"？

每个否定的答案，都是组员要迎难而上才能为举措做贡献的领域。

在家电制造商那里，前提条件范畴针对绩效引擎的大多数变量都运行畅顺。借助最优项目组合流程（参见第 3 章），高管团队制定了恰当的项目优先序以及充沛的战略举措资金，流程与规程都很明晰，发起人、项目经理以及项目组员的角色定义明确，必要的信息准备就绪，工作环境设置也有助于项目开展。

然而，一片"引擎中的尘垢"就会影响项目预期。高管团队并未就战略举措优先序强化沟通，项目绩效的评测指标也不完整充分，就员工的项目责任与本职工作在职责的分配比例上定义不明。事实上，团队不经意地散发出一种信号，就是大家应该利用"空闲时间"为举措工作。

为解决绩效系统的缺陷，高管团队制定了一项指导原则，以强化举措对于公司未来的重要性。高管们在作出的每一次演讲中、出席的每一次会议中反复强调这项指导原则。为确保举措是由主动参与者而非被动应召者参加，他们发出邀请，让各部门中各层级的志愿者来承担项目各职。他们很欣喜地看到，这些项目岗位居然有非常多的申请者。他们将申请率作为一项显示员工对实质性变革的热情的指标。

评价：你奖励卓越举措吗？

项目成功的关键变量是针对所有项目贡献者工作的评价体系。评价体系虽复杂但却作用显著，所以，让我们在探讨项目环境健康度之前，先讨论它。

对某些人而言，所谓**评价**带有负面的含义。在绩效体系的背景之下，评价可以是正面的（奖励），也可以是负面的（处罚）。研究显示，奖励优良的绩效表现，要比处罚各种不合格的绩效表现效果更好、维护成本更低。

评价也不只是正式的奖励（涨工资、升职、休假、公司配车）和处罚（开除、停职、绩效考核差评）。这些评价方式不能——也不应该——频繁地使用。日常评价中颇具影响力的还有感谢、公开表扬、荣誉以及承担攻坚任务。

高管要针对个体或团队施以个性化的评价。对伊丽莎白而言是正面的评价，或许对罗伯特而言却是负面的。比如跨国旅游、向高层汇报项目结果以及承担监督责任，在一些人看来是正向奖励，却被另一些人视为负面处罚。

评价也不只是来自管理层，客户、同事以及下属都与上级具同等甚至更高的评价权。

评价不一定来自外部。很多有效的评价就来自工作本身。有些举措干起来很有意思；有些举措很刺激；有些举措会给常规任务带来变革；而有些举措尽管不令人愉悦，却可以靠这份工作让日子过得更轻松、更美好；还有些举措会改进组织的健康度和绩效，从而提升自豪感和职业安全度。

注意：不要假设工作会必然地有所奖励。从高管角度看，或许是这样，但从参与其中的个体角度来看，并不是这样。感受即现实。

许多高管并不喜欢评价，因为他们视评价为心理构成的一项功能，并不是自己该负责的领域，或自己并不具资格探究和分析。好消息是，你并不需要一张沙发、一个 50 分钟计时器，也不需要尝试着发问"你对那个有何感受"，人们很高兴有机会告诉你他们获得的奖赏和处罚（如果告诉你被处罚后不会再受罚的话）。

评价的权重很大。在奖励环境中，工作者往往很积极，即便绩效系统中的其他变量有缺陷。

要在项目文化中评估评价，可以参考以下这些提问：

- 是否大家认为改进建议是"谁发现谁负责"，因而不愿提建议呢？
- 一旦被指派进项目，是否就意味着个人能力被认可，或标志着他可免于日常工作？
- 一旦被指派进项目，是否说明自己被授予了更大的施加影响力的机会，或意味着被本部门排挤呢？
- 一旦被指派进项目，是否被理解为是一种处罚，因为这是在自己本已饱和的工作上再添加额外工作量？
- 项目经理和项目组员是否仅仅在本职工作上才被认可，而不会在项目工作上被认可呢？
- 项目是被视作富于学习与人脉机会的乐土，还是被视作充斥着挫败、压力以及繁重体力劳动的苦海呢？
- 若能按时、按预算达成项目目标，在组织中是否会被尊为先进模范呢？
- 在长期项目中，如果达成阶段里程碑会获得奖励吗？
- 评价有前后一致的标准吗？（例如，项目组本月因达成计划进度即可获奖赏，而不计成本，但上个月尽管他们达成里程碑，却因成本超支被处罚？）

在这家家电制造商里，起初并不评价举措。一方面，为项目做出超凡贡献的人几乎从未获得认可；另一方面，在日常工作中稍有偏颇就动辄得咎。

项目经理及项目组员认为——尤其在这个舞台上，感受即现实——他们会因把时间用于项目工作而受罚。例如，某直线经理，将兼任跨部门举措项目经理的某位下属的年度绩效分评为"不满意"。理由是"未全身心投入部门的重要工作中"。另一个项目经理，唯有将周工作时间多加 10 个小时才能跟上项目里程碑。在赞许她的努力奉献之余，高管们明白这样的加班会给她带来长期的痛苦。其实，他们不能也不应该期望员工都要付出这些超负荷的努力。

为了把战略举措项目拉回正轨，高管们迅速行动。他们考虑在绩效考核指标中添加"项目目标成就"部分。但他们又发现，要替参与 31 个项目的 150 人重新测算绩效目标，不啻一场行政噩梦。此外，我们帮助他们认识到，提供频度较高的、更直接与快速的奖励以驱动行为改变，其作用要比修订一年一度的考评表来得更有效。

市场营销方面，该家电制造商近期设计并推出了一套成功的客户忠诚度提升计划。被这个计划点燃的人，正是参与举措的同一票人马，所以，高管决定参照这个计划的激励来做卓越项目的评价。

我们协助高管策划了一项称为"项目奖励方案（PRP）"的活动。PRP的核心是根据项目定义、项目里程碑、项目预算、项目角色要求来评价项目绩效。在每次的双周项目例会后，项目发起人基于项目整体绩效和个人贡献度，对项目经理实施奖励。项目经理则根据达成项目要求的程度，对组员实施奖励。

项目办（参见第 4 章）记录个体的绩效总分并汇总，每月提报给 CEO 一张"十佳项目绩效标兵"名单。然后，CEO 会公布每月一次的，被称为"项目 WOW"（Walk on Water，凌波漫步）的名单。这个名单的目的有三：高规格表扬那些认真推动项目并达成成果的个人；帮助举措贡献者知晓自己表现如何；展现 CEO 对项目贡献者的重视，暗示组织中的其他人不要妨碍项目进度。

尽管"项目 WOW"名单颇具激励价值，但其不够具象，不足以改变公司的举措文化。为弥补这一差距，项目奖励方案纳入一项规定，让个体可以累积积分用于购买对自己有意义的奖项。比如，一定额度的积分可以换购一天带薪休假、一张体育赛事入场券，或购买本公司产品的特别折扣。

项目奖励方案让越来越多的举措按时按预算达成目标。它引导员工聚焦于自己的项目责任。它提升了战略执行的形象，也使大家从战略执行中找到了乐趣。

这类计划或许不会解决举措的缺陷问题，也不一定匹配你的企业文化。我们曾服务过的组织中，有些视这种激励方式为有辱人格或太过萌宠；有些则不靠内部竞赛而成长。导入一个 PRP 类型的计划只是选项之一，而将评价与举措期望值挂钩则是不二之选。

如果以有形奖励为中心的评价工作会更符合你的企业文化的话，那么我们愿意在此提示两个"地雷"：第一，税法可能将这类奖金归为"应税收入"，这等于奖金玫瑰的花骨朵先被政府拿走了；第二，天平会严重倾斜到项目端，将原本对项目工作的抑制，变为对日常运营工作的抑制。你必须终结这种用胃痛来取代头痛的恶性循环。评价的一个要务，就是平衡举措与日常工作的奖励权重。

在本章结束前的组织个案中，高管一直在撬动举措评价的杠杆。

反馈：你的举措贡献者是否知道自己干得怎样？

举措文化的另一个重要维度是反馈。它是项目贡献者收到的，有关自身绩效的正式或非正式信息。可参考以下提问：

●项目经理和组员会获取到有关自己对项目贡献度的正式（绩效考核与复审）和非正式（日常）信息吗？

- 获悉的反馈

　　——来自所有的项目干系人（如发起人、举措目标受众以及自己的直线经理）吗？

　　——读得懂吗？

　　——足够频密、足够及时吗？

　　——足够明确具体，能指导绩效方向吗？

　　——足够均衡（不偏不倚）吗？

　　——以建设性、支持性方式提供的吗？

如果项目经理和组员不曾收到对自身举措贡献度的反馈的话，实际就会向他们传递一个明确的信号：项目不是你工作的重要部分。如果他们收到的项目绩效反馈不够明确具体、过于概括而无助于问题解决，或只有负面而无正面信息，或来得太晚太迟的话，那么其绩效往往会受损。即便具备超凡技能、自信满满的能人，也需要知道自己干得怎样。

这家家电制造商的项目奖励方案（PRP），对反馈的重视一如对评价的重视。与所有优秀的反馈机制一样，项目奖励方案的基础是一套有关产出与指标的期望值。幸运的是，绩效测评能被这家公司的文化所接纳，所以，几乎不必将日常运营的纪律原则移植到项目环境中去。

项目奖励方案的核心——也是之前描述过的激励机制的基础——是双周测评，测评项目经理与组员的绩效是否满足项目目标、项目里程碑、项目预算、项目计划中的角色定义的要求。

即便项目奖励方案不包含正式的评价，举措贡献者也能从清晰明确的期望值和频密、精确、富建设性、针对自身绩效的反馈中收获巨大的红利。

执行者：在举措赛场中你有合格选手吗？

工作环境一俟检视完毕，便要立刻确定项目中是否招募了合格的人才。首要的问题是，在支持性环境中，你所指派的个体能否为项目做出合格的贡献？对每个项目执行者——不仅是个体，还包括团队和小组——而言，要考虑：

他们在心理素质与情感能力上能胜任项目角色要求吗？

例如，项目发起人具备"领导者基因"吗？项目经理富于耐心且关注细节吗？在群体场合下，组员的才干能正常发挥吗？

如果以上任何问题的答案为否的话，说明你很可能找错了组员或指派了错误的角色。

他们的技能与知识能胜任项目角色要求吗？

例如，项目发起人知道该如何主导一个项目而不必越俎代庖项目经理吗？他们知道该如何激励疑虑重重的目标受众吗？项目经理知道该如何拟订一个信息完整正确、细节适度的计划吗？他们知道该如何管理一彪成员并不正式隶属于自己的团队吗？项目组成员具备娴熟的、能完成所派任务的技能吗？

如果上述任何问题的答案为否的话，你多半是需要提供培训或教练式辅导。

为确保将正确的人员配置到项目现场，并识别他们的培训需求，我们帮助过许多组织构建项目胜任力模型（Project Competency Model）。这些模型定义了在第 6 章将详述的，与项目各个角色的典型绩效相关的技能、知识、经验。图 5-4 所示为一个项目胜任力模型的例子。

这家家电制造商很幸运地拥有一帮最优秀的人才。举措贡献者一致的价值观、技能、行业经验、行为伦理为其战略的成功执行提供了原材料。但是，分析指出，绩效系统中的执行者变量存在着一个缺陷，那就是项目管理技能。人力资源副总裁承担了导入培训和师带徒计划的责任，为当前及未来的项目经理训练承担举措职责所必备的技能。

项目胜任力领域	技能/知识
技术方面	项目管理流程、通行证以及工具使用
	在微软项目管理软件MS-Project中拟订项目计划
	战略及财务商业案例开发
	业务流程管理
	风险评估与跟踪
	项目问题解决
人员/绩效	项目状态沟通（向上、向下、平级）
	资源协商
	绩效期望值制定与沟通
	绩效环境营造/改善
	反馈沟通
	冲突调解
项目具体内容	精益制造
	库存管理
	药品合规
	模糊及优先序快速变化环境应对与管理

图5-4 项目经理的项目胜任力模型

文化领域的其他维度

有些普遍性的文化要素并未在之前的案例涉及，但却对举措的成功至关重要。它们包括：

- 主管间、上下级间以及同事间的互信度
- 公司政治所扮演的角色
- 制定决策的层级
- 风险容忍度
- 开会的方式
- 沟通的性质（频度、语气、特异性、载体）
- 行动的节奏
- 高管的关注广度

以上种种影响因子，每个都值得单独解析，但我们将其概括在绩效系统框架之内。例如，决策层级会影响前提条件的期望值。沟通是前提条件的一部分，同时也是反馈的一部分。政治和分析会对评价发挥作用。我们发现，透过绩效系统这个镜头观察所有的文化变量，就可以结构化、简化、聚焦于诊断与治疗，而这个诊断与治疗针对的是维度复杂的战略执行。

打造支持性的项目文化：案例研究

尽管如这家家电制造商的项目奖励计划那样的刺激计划，对激发与维持战略执行动能很有用，但其自身却不足以形成长效支持项目交付的文化。为达成这个目的，系统化的绩效思维有必要植入整个企业的氛围中，以推动组织"把事情做对"。

阅读了汤姆·彼得斯的《项目50》[①] 这本书后，某医药公司运营分部的总裁邀请我们来帮他们打造一个能持续交付成功项目的组织。在设计并介绍了必要的组织架构、流程以及角色之后，我们将关注点转移到项目文化的打造上，以便所有的设计能持续有效地坚持下去。

为便于统一认识以及明确技能与知识需求，我们为发起人、项目经理、项目组员各创建了一套项目胜任力模型。该模型的目录如下：

- 项目技术胜任力（工具、模板和流程）
- 人员与绩效胜任力（管理人这个要素）
- 特定项目类型所需胜任力（如，产品开发项目或市场营销项目）

我们为该公司的项目经理所设计的这个模型参见图5-4。

我们还为与举措工作相关的人员构建了一个举措胜任力概要。根据其他举措贡献者的投票，个人及其主管上级为每个人在项目中担当角色的熟练程

---

① 汤姆·彼得斯（Tom Peters），《项目50》（*The Project 50*），纽约，阿尔弗雷德·阿·卡诺夫，1999。

度评级，分为专家级、胜任级、学徒级。我们还设计出了一套评估流程以便长期使用。

高管团队随后制定了一套旨在促进个体成长的流程。培养计划着重在一系列绩效维度上，包括必备的技能与知识。有了这个知识与技能，个体就能从当前级别成长为专家，或能应付更具挑战的角色——如从项目组员升级为项目经理。

以这个培养计划为指南，管理层通过培训与教练辅导来打造个体胜任力。培训总课表包括一系列的课程，涵盖各个级别的，以项目管理知识体系[1]为基础的技术开发课程、命名为"项目人员管理"的"软技能"课程、一个面向项目发起人的富想象力的"项目发起与支持"课程。

教练辅导的过程，以个体与教练的总结或制订培养计划开始。某项目经理（PM）的教练，往往由一位项目发起人或资深项目经理担任。而项目组员的教练，通常由项目经理担任。在项目推进过程中，教练不仅指导组员，还要更新学徒的胜任力概要。如本章后续部分将要描述的，这个项目胜任力培养计划业已成为个人绩效考核的关键组成部分。

在确定执行者已掌握绩效系统有关他自己的那部分之后，我们便开始评估前提条件对举措的支持程度。即便项目角色定义的部署、项目管理流程、项目胜任力模型都制定了明确的期望值，也不能保证这些行动能解决前提条件的所有需求问题。执行者需要在支持项目工作的实体环境中拿到正确的信息。

经验告诉我们，确保项目贡献者能最快、最便捷地拿到所需信息的方式，就是在他们的桌面计算机上提供一套统一的软件。运营分部的高层团队，结合 IT 总监提出的大量建议，制定出了以下的软件设计技术要求：

- 就整体项目组合的动态，能提供即时可见性；

---

① 美国项目管理协会出版，《项目管理知识体系》（2000 版）：2001 年。

- 有一个仪表盘来展示每个项目的动态状态；

- 能让高管层按需钻取（drill down）任何层级的细节信息；

- 为项目发起人、项目经理和项目组员提供所谓"受教时刻"的即时绩效支持、指南及建议。

- 能让当前及过往的项目贡献者互相分享最佳实践；

- 支持组员分布于远程、异地的团队。

该公司的 IT 奇才们开发了一个"一站式项目商城"。这个内联网解决方案是基于微软 Project 项目管理软件的，让个体能管理并分享项目计划以及在线项目文件，访问所有的项目规程和知识资源，复核项目、项目集以及项目组合，指派、接受或回绝工作分项，提交状态报告，报读项目管理培训课程。

前提条件中存在的缺点与实景环境有关。大部分员工所处的开放式空间并不有助于举措团队的效能发挥。会议室不足则令这个问题进一步恶化。团队发现他们在工作现场不断被打扰。临时会议频繁地在自助餐厅召开。

解决办法是为举措工作划定专有空间。这个被称为"项目特区"的地盘，备有办公桌供想从日常工作中脱身、处理项目工作的人使用。会议室供项目专用。项目特区的中间是项目办的所在地。正如第 4 章描述的，项目办负责为所有项目活动提供支持及管控。

当实景环境问题变成小事一桩后，项目贡献者发现，能在专属区域专注项目工作对工作效率大有裨益。正如一位组员形容的"既释放能量又提高生产率"。

绩效系统中我们最后解决的要素，是影响力巨大的反馈和评价。该公司的 CEO 认可项目的成就显著。该项目成就之所以显著，与其刺激机制有关。而这个刺激机制，与之前所述的项目奖励计划很类似。但实际运用时的挑战在于，如何将持续的反馈与奖励机制嵌入项目管理中以确保项目成功，但又不对日常运营产生负面影响。

如同许多企业一样，这家公司在尝试将项目目标按年度目标校正并与年度目标保持一致时，从未成功过。为何？因为，与大多数评判员工绩效的测评指标，如销售额和生产率有所不同，项目绩效指标无法轻松地融入年度绩效审核中去。举措通常无法年度化，因为多半都持续不到一年，而另一些又会跨年。有些项目经理需要调整自己的目标（某项目经理称其为"空中加油"），以根据外界环境和/或内部工作重点的变化而做适当调整。结果是，项目成绩并不能反映在绩效考核之中。因而，员工的相当一部分努力就要贡献到无助于反馈、涨薪、奖金、升迁的那些活动中去。

我们推荐一套项目目标设定及考核流程，以满足环境变化快的项目。这套流程既不会让项目目标凌驾于运营目标之上，又不会使项目目标让位于运营目标。在宏观层面，这套体系不含特定项目目标。个体的项目绩效评级是由项目经理和项目发起人复审决定的，复审以项目里程碑为依据。

这个流程遵循以下步骤：

1. 在举措定义阶段，项目经理主导与组员个体一对一的目标设定会。会上，项目经理与组员就项目具体的贡献和培养计划达成共识，其中的培养计划是以之前描述过的胜任力概要为基础的。

2. 在项目的合适空隙和项目分部分项的正式验收期，项目经理将就这两个维度给员工实施绩效考核。考核的结果是百分比分值，再转给组员的直线部门经理，汇总为该个体的总体绩效考核分值。

3. 在为个人设定年度目标时，经理和雇员要在日常工作绩效与项目绩效，两部分的权重比例上达成共识。

4. 在年终绩效回顾时，部门经理评估个人日常工作目标的达成率，这部分通常有第一手资料，再汇总由项目经理和/或项目发起人复审得出的该个人的举措绩效分值。

这个反馈/结论体系能实现以下目标：

● 针对个体的角色独特性，定制化他的绩效考核。
● 个体不会因耗时在日常工作上或项目上而受到不合理的奖赏或处罚。

●超越个人管控能力的合理原因所导致的项目方向变更或中途调整，项目参与人不会受责罚。

●由接近、了解个体绩效的人员实施绩效评估。

●高管能看到自己对项目的投资——细化到员工级的——回报率有多少。这个成就，对员工有50%以上时间用于项目工作的组织而言，非常了不起。

你独特的文化

尽管绩效系统是一套通用工具，但在具体环境中的应用却是独特的。你的举措文化必须与整体企业文化保持一致。我们曾为两家客户做战略执行的辅导，而这两家公司的文化却大相径庭，图5-5摘录了若干区别。

两家企业都有战略需要执行，都认可举措是战略执行的载体。在项目所需的支持坏境中，期望值的设定以及刺激机制设计当然要与企业文化保持一致。但是，这两家企业并不打算在短期内改变作为企业骄傲的企业文化。

A公司：中型地区银行	B公司：大型全球化消费品公司
流程导向	厌恶流程
厌恶风险	敢于冒大风险
团队导向	以各层级的"个人英雄"为中心
等级制度	狂热地反等级制度
分析型	拍脑袋
不乐见内部竞争	靠内部竞争而成长

图5-5 战略赖以实施的两种对立文化

例如，让我们考察在任何文化中都要推行的，支持举措的绩效系统的评价维度。A公司既奖励结果也奖励项目管理流程的运用；而B公司只奖励结果。A公司会表彰和奖励团队的成功；B公司只表彰个人。在A公司，能与高管交流意味着个体价值被认可；在B公司，能力强的举措贡献者会获得免费旅游和礼品券。

结语

在着手执行战略举措之时，仅仅选定正确的项目和可管控的项目负荷是远远不够的；严谨的项目定义与规划也还不够；确保各举措都有称职的发起人、项目经理、项目组员也还不够。项目的成功与否，高度仰赖能否获得企业文化的支持。文化反映在构成绩效系统的前提条件、执行者、评价和反馈之中。

第 **6** 章

凝聚项目团队

S&T 公司生产各种运动器材，销往家用市场。其高管团队最近制定了一套新战略。其实，在家用市场方面 S&T 还有许多扩大市场份额的机会，尤其是借助新的销售渠道。然而，高管得出的结论是，要想达成 S&T 雄心勃勃的成长目标，最有希望的途径是占领机构市场，包括健身中心、学校、星级酒店、监狱，以及职业运动队。这套战略引发了一系列市场调研以及竞争分析举措。这些举措的成功与否，关系到战略是否可行。如果战略可行，就要看战略执行能否成功。

一直以来 S&T 取得了稳健的财务结果，在运营效率与效果方面无人能及，但在项目绩效上则不尽如人意。各类举措——市场营销、产品开发及商品化、流程改进、组织架构调整、管理软件的投入使用等——无一不是轰轰烈烈启动的一把手工程，但无一例外地会延期或超预算。

与其他类似组织的项目要么牺牲在工作重点的转移上，要么牺牲在"三分钟热度"的注意力缺乏上有所不同，S&T 的项目，即便在资金不足或已毫无意义的前提下，也不舍得放弃。S&T 的高管们最终得出了一个结论，项目失败的原因应该是与人有关。比如，项目组成员不了解对于自身的要求与期望值，要么扮演着错误的角色，要么担当不适合的责任，要么技能不足。

如果不能将这些举措的绩效提升到与自身运营水平相适应的高度，那么 S&T 的成长战略将仍旧是一场梦，就会像业界其他利基市场的对手一样，为个位数的增长率而苦苦挣扎。

对于一位专心致志要确保战略举措能被完美贯彻执行的高管而言，他所直面的最大挑战是什么？我们的一位国防承包商客户的总裁回答得最好："配置并解放正确的资源。员工既要做日常例行工作，又要聚焦于举措、与举措保持一致，所以工作内容的持续切换是员工的新常态。举措需要最优的员工，而最优员工早已负荷满满，所以，工作优先序要重新设定。"

假定你已经按照我们设定的步骤在做。你有一个"举措期望清单"（参见第2章），并将筛选出的项目作做优先排序（参见第3章），同时，你公司现有的组织架构（参见第4章）和文化（参见第5章）也支持举措的部署。针对各成功要素的逐一讨论，我们实际上给出了一个角色的参考案例。这个角色要推动举措组合从纸面计划变成实实在在的丰硕成果。至此，举措的基础设施已经建设好，是时候全面地讨论角色了（参见图6-1）。可以将项目组比喻为体育运动队，将对项目成功至关重要的组员所扮演的角色对应为运动队的各个角色，这样我们就来逐一讨论。

项目集总监：团队拥有者

组织的重大变革往往涉及一个由许多独立的举措所构成的组合。为确保统一性和便于汇报，高管往往将同类的项目归为一个项目集。尽管项目集中的各个项目在定义、目的、成员以及时间节点上各异，但它们都朝向同一个大目标。例如，你可以将若干个举措组合为"委外项目集"，而将其他的举措组合为"品牌/定位/营销项目集"。为确保项目集中的各个项目能相互配合，我们建议指派一位高管担任项目集总监。

就以本章开篇提及的S&T为例，其高管团队已经制定并验证了一套新战

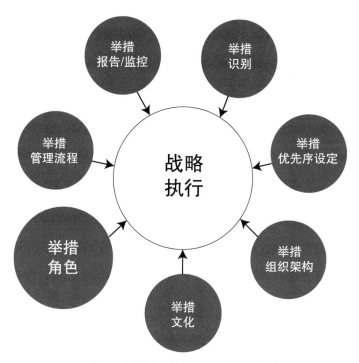

图6-1 举措角色：战略执行的关键成功因素

略，目前正准备执行这个战略。其业务发展副总裁就担任了项目集总监一职。在这个角色上，她审视整体的**战略主项目计划**。该计划中有一项举措是将边际利润低的家用杠铃产品线以及运动练习录像带产品线下市；另一项举措则是要打入学校市场；第三项举措则是收购一家企业，以获取市场情报和工程人才。这三个项目各自都有项目发起人、项目经理和项目组员。而项目集总监则实际上是"战略执行官"，确保与商业战略成功执行息息相关的所有项目都被定义并集成进了一个聚焦的攻坚计划之中。

我们有家战略性合作的客户，是一家零售连锁企业，当问及其总裁"举措执行的最大挑战是什么"时，得到的回答是："徒有能干的项目经理是不够的，我需要有人去统筹所有的战略项目，于是我将这份重任交托给首席行政官。尽管这让他从一些日常任务中分心，但确实是值得的。"

项目发起人：团队总经理

身为高管，你最可能扮演的角色应该就是项目发起人。那些对组织有重大影响的举措，其发起人往往要从高管团队中物色。如果项目的影响面不大，可以选派低一层级的经理。无论哪种情景，项目发起人就是"项目人"，即热衷于项目的成功，并为这份热忱勇于担当问责的人。如果一项举措是"属于"一个组织实体的，譬如业务单元、产品线、部门或国家分公司的话，那么，发起人就是组织实体的负责人。如果一项举措是跨部门的，那么，发起人通常是最具热情并且利害干系最大的高管。发起人要：

● 打造形成举措的**愿景**。愿景是项目的整体目标，是可达成的抱负。它将项目与业务战略相关联，无论项目有多小。例如：

—— "设立一个一流的客户服务部门"

—— "将产品开发时间压缩到六个月内"

—— "在大中国区市场成为第二大玩家"

这个愿景常常作为**项目宣言**的核心内容，这将在附录 A 详细讨论。

● 做项目的**领导者**。正如业务的其他领域的领导者一样，该角色要发挥动员、鼓劲、教练、沟通、激励，以及提供举措的背景信息并与其他举措关联的作用。

● 确保投入到项目中的**资源**质量与数量。这个角色的首要工作，是将关系到项目成功的人才资源与资金资源充分释放。而这个角色的持续性工作则是在工作优先序切换时、在项目需求不断演化时、在其他针对项目的人力及资金需求产生时，及时解决资源问题。

● 排除项目的非资源性**障碍**，如政策限制、缺乏关键利害干系人支持、与其他举措或日常运营冲突等。

● **奖励**项目绩效。这些奖励往往是无形的，如感谢卡、公开表扬、列席高管会议、更大的自主权，或指派挑战性任务等。除了正面奖励之外，发起人还需要消除负面影响。项目经理及组员不应在为项目的成功而努力贡献时间与才智时受到惩罚（例如，被负责他们日常工作的经理或同事责罚）。奖励是最优举措文化的关键维度，关于这点已在第5章中讨论过。

● 高管层作为项目**良心与代言人**。发起人要确保项目能占有应得的高管讨论时间和心智份额。这个角色的工作之一是安排项目经理周期性地向高管汇报，如接下来的这段内容，以及将在第8章进行描述的。

如同任何高效的体育运动队总经理一样，发起人要避免充当战术性的"野战队长"角色。这个角色应该由项目经理扮演，稍后再描述。唯一的例外是胜负在此一搏的战略举措或秘密实施的战略举措，这时发起人可以亲自担任项目经理。

下面展示几个我们合作很愉快的卓越项目发起人的行为案例：

● 在某饮料公司频繁担任市场营销举措发起人的她，有套非典型但很有效的策略，她会亲自负责一个"工作包"（整体项目计划中的一部分）。尽管许多高管不愿意亲自跳入战壕血拼，但她却发现这会让自己贴近举措执行的真实世界。并且，这令她获得了更多的忠诚与信赖，让其他人心甘情愿地为项目做额外的奉献。

● 一份欧洲银行的员工态度调查显示，有少数人认为自己没有获得与他人同等的机会，由此引发了高关注度/高敏感性的多样性项目。草拟的项目计划包含一系列的行动，从在集团沟通流程中添加一项多元化复审，到重构接班人计划系统。除了有尽快推进的压力外，发起人对支持这些步骤感到不适应，除非确认他们找出了问题的根本原因。于是，他委托进行了一项分析，该分析指出，不满意的员工都集中在一个分部，而草拟的行动计划尽管初衷高尚，但并不能解决不满的原因。最终，举措被重新设计，聚焦出问题的分部和肇始原因，其原因就是补助和提拔程序不透明。

● 小事情会产生大差异。一位亲自发起一项战略举措的CEO，要求不仅项目经理，还有其他团队成员都要参加项目阶段总结会议。在会议之前，他做了一番功课，逐一获取了团队成员的姓名及每个人的一到两项事实。这些信息能让他在会议之前利用非工作时间洞察团队成员的个人情况。

当问及战略执行过程中最大的挑战是什么的时候，本章开篇提到的那位国防承包商总裁毫不迟疑地回答："各层级中的绝大多数人都不曾想干点不同的事情，他们抗拒变革。而战略却正是要做与众不同的事情。我们必须找一到两位勇士做先锋。我所需要的，是找两个人推销战略。战略执行是一个推销的活儿。所谓的强迫或恐吓手段，我们不敢多用。"

为这些勇士搭建最佳的施展舞台，是发起人的角色之一。

发起人还可以组建一个掌舵团队并亲任主席。这个主席的角色，将在下一节描述。

掌舵团队及/或项目组合管委会：团队董事长

一个重大的跨职能或跨分部的变革举措，诸如并购后整合或公司级的订单交付流程，往往要靠一个掌舵团队才能干成。这个掌舵团队在有些组织中称为项目集董事会或项目董事会。以发起人为主席，典型的掌舵团队包括项目经理以及各关键利益集团的头头脑脑。其目的在于：

- 协助发起人构建项目愿景及方向
- 创建对变革的承诺
- 监控项目进度并在必要时调整方向
- 审批项目阶段成果，主导阶段性推进
- 确保项目获得应有的优先级和资源
- 审视项目沟通
- 消除妨碍项目成功的跨组织冲突
- 确保项目结案，包括经验教训

在集团层面或业务单元级别，CEO 或与之同级职位的人可以担任项目组合管委会的主席。项目组合管委会成员包括项目集总监、发起人以及其他高管成员。这个委员会扮演着与掌舵团队同样的角色，但却是跨项目集或跨项目的。掌舵团队相当于举措的董事会，而项目组合管委会就等于是整个项目领域的董事会。它确保全部的项目组合是与战略保持一致的、统一协调的并充分沟通的。

项目经理：团队教练

项目经理扮演着篮球队或美式橄榄球队教练的角色，或者是棒球队或足球队经理的角色。每一个项目，无论规模大小、周期长短，必须有一位项目经理负责开发项目计划并指导团队取胜。项目经理的角色包括：

- 计划员/调度员
- 资源评估员/协调员
- 后勤经理
- 风控经理
- 监督员
- 引导师
- 拉拉队队长
- 变革经理
- 人事/绩效经理
- 方法/工具（自动化或手动）提供者
- 书记员
- 新知传递者
- 沟通大师（向上、向下一级，同级）
- 信息交换站

尽管在正式的职责中鲜有描述，但绝大多数的项目经理还扮演着下述的角色：

- 道德良心
- 不厌其烦的唠叨者
- 倾听祷告的神父
- 物资搜寻者
- 软件排障人
- 替罪羊
- 高管代言人

高管的支持力度、组员能力，以及资金充裕度是项目成功的关键要素。然而，这些方面的优势都无法弥补项目经理的无能给项目带来的损失。反之，强势的项目经理却能有效弥补领导力与资源的缺乏。项目经理的遴选标准包括：

- 有项目管理的经验
- 掌握了项目管理流程和工具（详见第7章及附录A）
- 能为项目成功投入必要的时间
- 关注细节
- 对按时、按预算达成目标有强迫症
- 口头及文字沟通能力
- 具备管理/影响直接与非直接下属的能力
- 具备同时担当多项责任的能力
- 有弹性
- 有韧性
- 有耐性

项目经理不一定要具备特定项目的经验或专业背景，他们不一定会受变革的影响。但是，如果与产出结果的利害关联度过大，则会损及身份的客观性。

在大型项目中，项目经理往往要管辖子项目经理。如之前所述，这些子项目经理管辖整体项目的某一部分。子项目经理类似美式橄榄球队的进攻教练和防守教练，或者英式橄榄球队的传球和踢球教练。

如果一系列的项目都归属于同一个项目集，譬如进入新市场或上线全企业的一套信息管理系统，则往往需要一位项目集总监来担当超级项目经理的角色，来做各个独立项目之间的协同工作。这个角色之前已描述过。

或许你倾向于，甚至需要设立专职项目经理岗位，即由那些经项目管理协会认证的项目管理专家PMP[①]来担纲重大项目的项目经理。你不应该诧异居然有专门的项目经理认证程序。随着举措活动量的增多，项目管理逐渐从一个角色进化成一个职业。迄今为止，有450万占雇员总数3.3%的人视项目管理为自己的职业。这一职业的从业者在全球迄今已超过1200万人。一个庞大复杂且持续增长的专业及工具库都被编入了项目管理知识体系PMBOK之中[②]。

项目组：球员

最小的项目组只有三位兼职组员。而由很大数量的子项目所构成的大型项目（譬如为响应监管要求，要将构思中的重大新产品启动）则会有数十位项目组员，其中许多人是专职的。

每一位项目组员——无论是单枪匹马还是作为团队的一分子——都要产出或贡献项目交付物，或称"工作包"。任务很多元，可以是游说国会、编写代码、雇佣承包商、租赁谈判以及搬运档案柜等。项目组员的遴选标准有：

---

① 参见 www. pmi. org。
② 美国项目管理协会出版，《项目管理知识体系》(2000 版)：2001 年。

- 在所指派的专业领域具备技术能力

- 能投入必要时间以出色地完成工作

- 作为团队一员的技能与经验，往往是横跨组织线条的

- 在强大压力下按期交付的能力

- 有弹性

- 承担多项责任的能力

如果以上描述看起来很像是物色一位全能型人才的话，那么你没看错。

另一种常见情形是，将项目扩编，纳入一些并不会带来任何专业技能，但其投入对项目的成功至关重要的人。身体力行的参与往往会比炫人耳目的慷慨陈词换来更广泛、更深层的支持。工会干事、意见领袖，以及一线领班通常属于此类组员。

高效的项目组，不仅要具备恰当的职能分工和技术方面的知识技能，还要具备个性、风格与智力取向的正确组合。例如，你会要求产品开发项目组有一位永不妥协的理想主义者、一位创意无边的思想家、一位"这样肯定行不通"的悲观主义者、一位实事求是的分析师、一位善于沟通的调解员、一位脚踏实地的实践家，以及一位管理者。团队绩效会因组员的性格类型的平衡而增强。高效团队通常运用 MBTI[①]（国际最流行的 16 型人格测试）来确保团队人格多样性。正如梅雷迪思·贝尔宾所描述的[②]，在动力十足的项目组中，每位个体都希望发挥自身优势以匹配小组需求，对项目有所贡献。

目标受众：球迷

项目的目标受众，通常称为利害干系人，是由受举措影响的人所构成。

---

① 奥托·克劳格，珍妮特·苏森，《类型对话：影响我们生活、爱情和工作的 16 型人格》，纽约：德拉科特，1988。

② 梅雷迪思·贝尔宾（R. Meredith Belbin），《工作中的团队角色》（*Team Roles at Work*），牛津：巴特沃斯·赫尼曼，1993。

他们不单是有着主场优势偏见的球迷，还是对结局下了巨大赌注的人。譬如：

- 某组织重组举措，其目标受众就是那些汇报关系会被改变的人。
- 某业务流程改进举措，其目标受众就是那些工作于其中，为新流程提供投入，以及接收产出的人。
- 某上线计算机系统的举措，其目标受众是由该系统的使用者及该系统产出的接手人构成。
- 某迁址举措，其受众是由需要搬迁以及与他们有业务往来的人所构成。

即便项目组成员也是目标受众，整个的利害干系群体也需要项目相关信息。没有常规的目标受众沟通，项目生产力将会受损、谣言将四起于青蘋之末，而关键人员会变得无谓的偏执。

项目的成功还有赖于目标受众给项目团队提供反馈与建言，这些反馈与建言包括相关信息、分析、技术忠告、执行障碍以及个人关切等。

项目管理引导师：顾问

无论发起人、项目经理、项目组员以及项目集总监有无项目经验，绝大多数的项目都需要专家指导。这将在附录 A 的项目管理流程中详细描述。这类个体扮演着六西格玛项目中"黑带大师"的角色。在宏观层面，他们提供方法与工具，并在项目脱离正轨时解决问题。在微观层面，他们规划并指导项目会议、挑战并延伸团队思想、作为项目管理最佳实践的良心，确保每一位成员积极参与、控制项目节拍、选择应用软件记录结果（本章稍后讨论）。他们是组织中的项目专家，懂得如何玩转项目。

引导师并不一定要为项目必然浮现的技术问题提供答案。例如："如果把这个活动自动化，会划算吗？"或者："导入精益制造的最佳方法是什么？"他们主导讨论，以确保我们描述的各个角色的扮演者在解决问题或制定决策时，都能完满地回答正确的问题。基于此，引导师更像是攀登珠峰的夏尔巴人，引领团队登顶项目之巅，而不是红袍加身端坐山顶的布道僧侣。如果某个组织设有第 4 章所述的项目办公室的话，那么引导师或隶属于，或关联于该办公室。

软件：项目的特殊组员

项目中还有另一个角色，但它不是"谁"，而是"啥"：项目管理软件。好消息是，软件能为举措的部署做重大贡献。坏消息是，软件并非万能。项目发起人和项目经理不能将管理工作完全交托给软件程序，正如运动队的教练不能指望强大的数据库和自动化的专家系统告诉自己每场比赛该怎么打一样。项目管理软件能做的有：

- 记录、格式化，以及显示项目各步骤之间的关系
- 突出显示项目的关键路径
- 显示项目每个阶段所需的资源
- 在用户友好的界面上显示项目计划及现状
- 通过液晶投影仪、资料打印，以及电子邮件附件等实现快速沟通
- 预警项目超载和项目瓶颈
- 在新信息和新情况出现时，以及项目推进过程中，使项目计划的修改和状态更新更加便捷

项目管理软件不能做的有：

- 告诉你项目步骤是否有缺漏项、是否定义得不够完善、是否有不合逻辑的顺序
- 评估已执行活动的质量
- 基于资源的部署情况、优先序和界面制定决策
- 对项目成功中涉及人的要素实施管理

● 解决项目问题

项目管理软件与其他应用软件一样，有好处也有短处。正如字处理软件不可能为你撰写方案、电子表格软件不能为你做现金流决策一样，项目管理软件也不能管理项目。它是个很有用的工具，但不能取代人脑的判断。

项目角色：案例研究

我们曾与一家中等规模的制药公司合作。该公司有过执行变革举措迟缓、昂贵的难堪经历，而且政治争斗达到了失调的程度。一项举措想要成功，就要冲破流程和结构的藩篱。而这家公司的每个项目都是一座孤岛，不曾与主计划或其他项目关联，各自有各自的方法，各自有各自独有的状态报告格式。

这种情形引起了高管团队的注意，理由很充分：食品药品管理局（FDA）刚刚发出威胁称要关闭他们的一家不合规工厂，而该厂正在孵化一系列的项目。另外，公司要么刚刚启动，要么准备启动"以公司性命作赌注"的几个与新药开发和商品化相关的项目、产能扩张的项目以及上线计算机系统的项目。公司的项目组合包含31个需要高管层指导及监控的项目。

有两个顽固的缺点拖累着该公司的战略执行，那就是：角色定义和执行力。譬如，被指派为项目经理的人，其角色却不曾清晰地定义过。结果是，不称职的人被选中。更有甚者，项目经理也没有明确的授权，尤其在指挥组员和调配资源方面。他们并非要寻求更大的职权，只是想了解自己到底应该做什么。

项目虽然都有发起人，但这些人被普遍认为太过被动。他们认同自己要为项目成果负责，但却不清楚自己该为那些成果贡献些什么。他们中的一些人非常愿意签字同意立项请求，却不去了解自己批准的内容。鲜有人能透过项目活动的纷扰，看清影响项目成功的变量，主动发现障碍，并采取行动排除。

为了让他们认识到角色定义与角色明晰的必要性，项目办公室的成员们定义了下面的角色并培训他们的人员能称职地扮演相应角色：

● **项目集总监**，负责整个战略举措组合的成功交付，并直接向 CEO 汇报。他也是流程、IT 系统的拥有者，具备引导横跨整个公司的大型举措交付的能力。

● **项目发起人**，由于是负责战略性项目，故而应该由高管担任。他们负责从指派给自己的项目中获得收益。他们的大部分工作是指导、支持项目经理，并为项目经理排除干扰。

● **项目经理**，负责确保项目被正确地设定、完整地规划以及顺畅地执行。以项目成果、项目进度以及项目预算目标的达成度来衡量他们的绩效。

● **项目组员**，是产出项目交付物的人。

● **项目"黑带大师"**，是项目管理流程的专家，有关项目管理流程的内容将在附录 A 中详细描述。他们的角色是协助项目经理制订计划、管理利害干系人、协调资源、解决问题，由此来支持复杂项目。此外，他们还引导维持项目在正确轨道上推进的活动，以及干预项目以返回正轨的活动。

高管层还要构建两个正式的决策小组，负责对项目、项目集以及项目组合整体上实施适度的治理。这两个小组是：

● **项目和项目集董事会**，针对各个大型项目、项目集和相关项目组合而设立。这些董事会要复核审批项目各阶段的成果，裁定项目能否顺利地进入下一个阶段。他们还为项目经理提供必要的项目交付方面的支持，以确保项目能正常结案，确保项目结果获得了正确的评估和沟通。每个董事会由项目发起人、项目经理（通常由受变革影响最大的职能部门的资深代表担任），以及目标受众的代言人构成。

● **项目组合管委会**，负责确保所有项目组合中的项目，1）与战略目标和运营目标保持一致；2）具备质量和数量充足的资源来交付达成共识的项目成果；3）被高效地赞助和管理着；4）有着适合的沟通方式。这个委员会由 CEO 出任主席，由各项目集总监和关键的几位项目发起人组成。它是战略执行的良心和卫士。

这家公司由于战略举措的数量以及重要性超出常规的角色基础，所以，会让你觉得就你的需求而言，这种角色设定很官僚化。不过，所有组织的关键需求——无论举措活动有多大的量、有多复杂——无不是靠这些角色来扮演的。如果举措能获得大家足够的支持与贡献，而且大家能身兼多职，不需要新的委员会的话，那也挺好。

关于项目架构

仅仅清晰地定义及合理地指派项目角色，仍然是不够的。组织架构雇佣或帮助了员工发挥专长。在一个执行非项目任务的组织里，架构将对举措活动和日常运作之间的交互发挥主要的影响作用。构建一个支持项目的架构来协调所有项目工作的这种需求，往往要靠设立**项目办公室**来满足。这一重要的主题，我们已在第 4 章中讨论过。

你的角色

无论你设置的架构如何，有几项关系到项目成功的关键贡献，只有你和你的高管同人才能提供。你只会偶尔担任项目经理，也难得在项目中做一回组员，但实际上以下七个关键角色你要一直扮演：

● **项目提案人**。基于对组织需求的独特而宽广的认知，你要创建战略性项目和运营性项目。

● **项目排序人**。你要规避"贪多症候群"，无论从你个人角度（你负责的领域）抑或高管（你整个企业）角度，你都要确保组织不会超负荷地实施项

目、各项目都行进在正轨之上，并且是在执行战略，或在解决关键业务战术问题。(参见第3章)

●**项目集整合人**。当项目范围、冲击度，以及变化的多样性需要一位项目集总监时，这个角色就必须由高管担任。

●**项目先锋官**。这是项目发起人的角色之一，之前已描述过。

●**项目资源提供者**。你要确保项目人员和资金配置到位。

●**项目支持系统创建人**。你要设置组织架构（在第4章中描述过），创建企业文化（期望和奖励系统在第5章描述过）以促成项目成功。

●**项目守护人**。尽管你不必让自己沉浸于将在附录A中详细描述的举措管理流程的每一具体步骤之中，但你仍然需要确认大家有一套共同的语言和方法。这个主题将在第7章展开讨论。

结语

每个角色都是战略执行计划的关键部分。如果一个团队的队员很优秀而教练——譬如项目经理——很平庸的话，是很难获胜的。反之，教练的卓越才干会受队员的才能限制，而无从发挥。如果总经理（项目发起人）缺乏远见、支持不够、排除干扰不力的话，团队的潜力无法施展。无论过往的胜败记录如何，团队的成功或失败最终由球迷（目标受众）决定。

第 **7** 章

运用通用流程管理战略举措

珍妮·诗翠克莲很挫败。身为诗翠克莲乳业的大股东和总裁，珍妮意识到自己的公司已经发展到了一个关键点，不能再靠那些提前半小时就能招呼来的一帮知心朋友来管理了。当年与珍妮的父亲一起创业的老人大多已经退休，而将自己的战袍传给了年轻的、缺乏耐心的、受过商学院教育的经理人。目前诗翠克莲乳业在多个州拥有农场、加工设施以及分销中心。产品线从牛奶和芝士扩展到各种奶制品和豆制品。顾客群也不仅是杂货店，还包括快餐店、健康食品店和公司餐厅。

珍妮对公司变革及发展的幅度和速度很满意。她的挫败感来自发展过程的副作用：低效无果的沟通。她和她的团队平时用电子邮件和语音邮件沟通。他们开会——面对面沟通，主要是以电话会议的形式，偶尔也会是视频会议——当实时对话是必需时。然而，他们交换意见的方式是漫无边际的、循环往复的、没有结果的。

在特殊项目的沟通中，这种毛病显得尤为突出。针对日常运营，诗翠克莲乳业有一套标准的报告格式和纠错模板。但项目会议看上去则像是不带翻译的联合国大会。针对任何一个要点的讨论，往往是在某人描述项目意图的同时，另一个在勾勒行动，第三个在强调风险，第四个则在强调资源。这种交错式沟通导致项目会议既无效又痛苦。更有甚者，珍妮和她的高管成员——以及中层管理人员——频频在举措的决策会议和举措状态通报会议上开小差，窃窃私语："上个月我们不是开过同样的会议吗？"不管以哪种客观标准衡量，诗翠克莲乳业无论在项目成功率还是项目有效性上，都得不了高分。珍妮弄不明白，公司的项目规划和部署为何就不能像业务流程和纠错程序那般聚焦而高效呢？

共同语言的必要性

珍妮·诗翠克莲需要一个强健的、方便易用的举措管理方法。她希冀大家的项目思路持续保持在正确的道路上。不论称之为方法论也好，流程也好，协议也好，模板也好，工具也好，诗翠克莲需要一个共同的语言（参见图 7-1）。

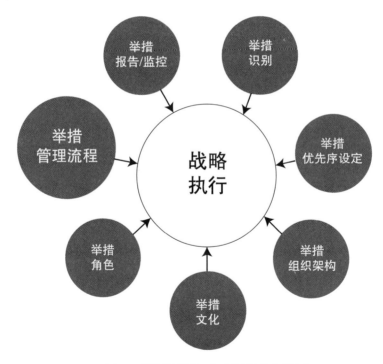

图7-1 举措管理流程：战略执行关键成功因素

语言是思想的组织规则，是话语的结构。如果一个组织应对自身最大挑战时——其实没有什么挑战是比执行战略更大的了——用的是共同的语言和统一的方法，无疑会增大成功概率。

你的组织是不是有买来的或自产的各套项目管理方法，而每一套都有独自的框架、词汇、能效级别，以及版权呢？如果真是这样，那也不稀奇。其实，开发一套全组织统一的流程——战略执行的通用语言——会有许多好处，包括：

● 发布一套举措管理的纪律规条，以确保每个项目中包含所有的必备步骤

● 确保跨职能、跨区域的项目经理和项目组成员遵循统一的步骤和统一的规条提高项目效能、简化沟通

● 简化并标准化举措的高层和中层汇报模式，这些中高层需要监控进度，并做方向性决策

选定一套统一的流程

何必重新发明车轮呢？大家会很自然地想到选择行之有效的、成功率高的项目样本，比如成功有效的生产成本压缩项目、产品开发举措、营销活动项目，然后，将其方法论移植到公司中来。即便这样管用，但也请注意：如果该方法不是基于通用项目组合的思维所设计的，那么它可能会有碍于，而不是有助于执行。众多的高管，兴奋于某套 IT 系统的上线或某款产品推出所带来的成功。不妨回退一步来看，假使当初高管是把成功项目的方法移植到某项举措中去，而该举措却并不匹配这套技术和语言的话，其结果又如何呢？

例如，我们曾经帮助一家金融机构识别并设定一组战略举措的优先序。当时我们询问变革总监（他的角色和头衔是另一个故事）对其组织的执行能力是否觉得满意，他的回答是："没问题，我们有一支负责牵头的项目集办公室团队（Program Office Team，POT）。他们有丰富的项目经验。"

几周以后，变革项目集的进度明显未达预期。客户要求我们找出原因并给出改进行动的建议。我们越了解该公司的项目开发方法，就越意识到 POT 的缩写很恰当。

这个 POT 原本是为交付 IT 项目而组建的，公司的流程设计也很匹配 IT 系统的要求。然而，IT 部门以外的人都将这套流程视为神秘的黑匣子。那些打开黑匣子的人不得不面对令人抓狂的模板、使用痛苦的控制文档，以及晦涩难懂的报表编制技术。对于这套流程在 IT 领域的成功运用无人置疑，但它却不适合其他类型的项目。结果，凡是 IT 之外的项目，各部门只有在争取到投资时才会按这种强制性的流程实施。自那以后，每个项目组都按自己摆弄的一套流程来干。

是否有一套流程适用于各类项目呢？我们的答案是肯定的，但有个忠告：这种共性必须体现在步骤、顺序和工作中。基于不同的环境，项目的审批与控制（POT 流程的核心）往往必须有所不同。

如果你想要开发出一套方法论的选型标准，以符合自身的特定情形的话，以下就是在通用流程中可以找到的若干属性：

- 有成功执行战略与战术举措的跟踪记录。
- 符合所有类型的举措（如，IT 项目、市场营销项目、产品开发项目、组织架构重组项目）。
- 符合所有部门和地区的需求。
- 十分强健，足以应对复杂程度各异的项目。
- 足够易用，即便是未获认证的项目经理和频繁变动的项目组员都能使用。
- 有助于向上沟通、向下沟通和横向沟通。这种沟通的一个关键方面是为高管提供各类及不同程度的细节以便指导举措。
- 符合企业文化。

流程细节：你需要了解什么？

作为高管，你很少有机会去扮演第 6 章中所描述的项目经理和项目组员的角色。所以，你可能不需要或者不想羁绊于举措管理工具箱这类的技术细节。毕竟，在你这个层级，几乎不需要熟稔所谓工作分解结构的另一种格式，或工程经济学的优缺点。不过，你还是需要：

● 确信你的项目经理运用的是验证有效的、结构化的、实战性强的通用方法论。

● 要对流程有足够的了解，以便能迅速就某项建议的投影幻灯片中相关流程框架及工具运用的内容作及时回应。

● 能引领流程的开始几个步骤，从而奠定项目方向。

对细节的关注程度，是你领导风格的一个维度。如果你只需要知道我们为满足之前提及的几个标准而开发了一个举措管理流程的话，那么本章内容就已足够。如果你还想仔细追究流程的各个步骤，并了解它具体的应用实例的话，那就请阅读附录 A。

不同于人员管理、冲突解决、文化转型，举措管理有一套正规的标准库和实践库，即所谓项目管理知识体系，通常缩写为 PMBOK。[1] 附录 A 中所描述的流程符合这个标准。

战略举措交付流程介绍：案例研究

我们曾与一家消费品制造公司的高管一起工作，帮助他们识别公司的项目组合，并设定优先序。几位高管都对侧重产品开发和市场营销的、能执行他们新近制定的战略的举措集合很满意，却对自身的执行力不是很满意。该

---

① 美国项目管理协会出版，《项目管理知识体系》(2000 版)；2001 年。

公司的 CEO 说："我们并无项目管理的流程可资参照执行，往好了说，我们一直保持着项目进度的口头更新；往差了说，我们仅仅在项目需要额外投资时才被提醒。我看过的唯一的项目计划，就是顾问方展示的。"

高管团队得出结论认为，举措管理规范，可以打消绝大部分对组织战略执行能力的疑虑。于是，我受邀协助开发适当的流程和模板。

以当前该公司所使用的方法为切入点，我们发现其 IT 部门的一些人使用的是一套叫作结构化系统分析与设计方法的方法论，而新产品开发项目则采用的是另一套称为**PRINCE2** 的协议。两套方法的执行结果从相对成功到彻底失败都有。有个失败的例子：在最近的新产品上市举措中，针对产品可替换度的高端市场调研竟然在新产品上市两个月后才给出结论！有效的举措管理，应该是要么让调研按时完成，要么等做完调研结果分析后，再发布新品。结果，不出调研报告所料，出现了严重的产品冲突。正如高管所知，他们应该重构产品、延迟发布、启动老产品的促销，甚至取消新品发布。

我们还发现，在信息系统项目和产品开发项目之外没有统一的举措管理角色、工具和架构。太常见的是，项目会议成了信息通报和互相抱怨的论坛。

既然了解到举措执行的可悲现状，我们于是着手开发一套符合该公司需求的流程。第一步是设定边界和需求。高管同意将这套流程首先部署在战略执行项目上，这些需求指引着团队成员的思维，由此他们界定出了以下标准：

● 为快速有效地执行战略所需的全部项目，提供规划、组织、控制交付物的工具。

● 为所有的项目贡献者提供明确的绩效期望值和可资遵循的明确步骤。

● 为战略变革项目所涵盖、影响的全体人员，提供一套通用语言，以提升沟通效率。

● 消除项目间的重复区域和空白地带。

● 促进横跨部门线条的工作。

● 确保计划和进度的持续可视化，确保战略执行享有最高重视度。

● 能快速识别导致错误的假设，针对可能的项目延误、项目范围重构或者取消等情境，及时启动决策。

● 为跨业务领域的举措管理能力的打造，奠定基础。

为满足这些需求，高管团队和我们共同开发出了一套流程，概要地展示在图 7-2 中。它其实是将在附录 A 中展示的框架的客户化版。

高管认为，不能再回到过去"袖手旁观"的老姿态中去了。因而，我们基于五个阶段中高管的角色展开了充分的讨论、决策和备案。

该公司战略的成功，严重依赖于新产品，所以，我们设计出一套产品开发流程。它与通用的流程保持一致性，但同时也纳入了这类举措特有的步骤和控制点。

在设定好举措管理的"生命周期"后，高管组建了一个小组配合我们来挑选每一个步骤所需的工具。工具箱中的工具有：

● 用于"创意评估"步骤的价值管理技术

● 用于"交付物排序"步骤的关键路径法

● 用于"保护性规划"步骤的潜在问题分析

● 用于"监控项目"步骤的挣值比

高管团队认识到，即便是强健且度身定制的举措管理流程，在充满敌意的环境中也难以茁壮成长。所以还需提供以下的最大支持：

● 由位高权重的项目集总监担任正式的流程业主，并承担流程绩效。

● 所有为项目成功做贡献的人，都要接受有关这个流程的培训。其中亲力亲为的角色还要接受工具使用的培训。

● 流程的测评指标，也作为项目结果评价与项目状态评价的补充指标（高管现在不仅关心举措是否在推进，还在意如何达成。）

● 重构了奖励体系，激励对项目的卓越贡献。

图7-2 某公司举措管理流程快照

结语

　　缜密而周全的举措管理流程，并不能取代才干、激情和勤奋。但是，才干、激情和勤奋若不借由统一的流程导流的话，就会走入死胡同，不仅导致

134

参与者陷入混乱，还会导致资源浪费。正如第 6 章讨论过的，项目管理软件在显示和修改工作分解结构、步骤顺序和日程方面或许是一个有价值的工具，但它并不能取代目标设定、计划保护、项目沟通等活动中所必需的判断和交互，也不能解决我们在第 5 章讨论过的人员挑战的问题。共建承诺、解决冲突、协调资源、提供奖励，是领导与管理的技能。这些技能差异，决定着项目是灿若星辰地达成，还是踟蹰蹒跚地走到终点，或是半路夭折。

第 **8** 章

监控战略举措

安吉拉·贝蒂科特一天比一天明白，如今高管的角色与自己过去 20 年来在 VMB 有限公司逐级爬升所扮演的各个角色有多么大的不同。身为年营业额 2 亿欧元，有 1500 名员工的全类型保险公司的新晋运营副总裁，她实际担当了首席运营官（COO）的角色。她知道，自己的焦点要放在战略与领导力上，而不是战术与管理上。

然而，她却一直未曾摆脱自己关注细节的偏好，甚至无意改变这种行事风格。尽管已学会了避免凭经验指挥下属干活，但她并不习惯在对具体情况尚未透彻了解时就武断决策。此外，她也并不准备去接管对其日常活动不曾有实际接触的一盘生意。

安吉拉有监控日常运营的各种 IT 系统。除了待在最高层监控财务业绩之外，她还关注并研究客户获取与客户维持的常规信息、理赔时长、理赔量，以及员工满意度等信息。

但在业务上，有一部分是不在她关注的常规报告中的，那就是特殊项目，即那些对 VMB 的战略达成至关重要的，聚焦于业务流程改进、市场调研、新产品开发的举措。公司的主要资源都要耗费其上。而这些特殊项目，并未显示在她的雷达屏幕上。安吉拉确信，这些关键业务方面并不在自己的控制范围内。这些举措都有各自的项目经理，他们也会提供安吉拉所需的信息。但她认为，高管仅凭不定期的过问，不足以了解战略举措的真实状况。而她也不知道自己该问什么问题。

与她的高管同人不同，安吉拉没有意愿做例外管理，很不喜欢他们所谓"没消息就是好消息"的管理作风。她很困惑，如何在不增设会消耗生产率的官僚部门的前提下，将举措报告/监控机制纳入整体业务绩效监控中去（图 8-1）。

如果你已经找到了合适的发起人，以及合适的项目组成员，也有了完善的项目计划，那么你就可以把关注点放到其他地方了，对吧？如果是这样的话，篮球教练就可以将天才球员安排上场，设定好一套完美的策略打法，然后就离场钓鱼去了。无论你的水晶球是多么晶莹剔透（预测准确之意），无法预见的内外部变化都将使绝大多数的项目中途调整。我们应该记得一句古老的军事格言："作战计划在与敌军首次遭遇后就寿终正寝。"在此，潜在的"敌军"包括：

- 客户、竞争对手、供应商、技术创新者、监管方，讨厌的是，他们各有各的算盘
- 触发新格局的重大事件（我们的一个客户称之为"数码事件"），例如，恐怖袭击、龙卷风、政府倒台、经济崩溃、重大丑闻、产品召回、颠覆性的技术创新、赢面较大的大型民事诉讼
- 内部优先序的必要调整
- 项目任务复杂度超预期
- 失去关键资源

近几年，许多组织开发了"平衡记分卡"[①]式的绩效指标，为绩效开了个既宽广又纵深的窗口。我们欣赏视野高于财务指标的高管，因为尽管财务指标是衡量成功的最终指标，却也是严重滞后的指标。但是，几乎每位明智地部署了**平衡记分卡**的高管，也只是看着反映日常运营的"仪表盘"，而仪表盘

---

① 罗伯特·卡普兰，大卫·诺顿。《平衡记分卡：化战略为行动》。波士顿：哈佛商学院出版社，1996。

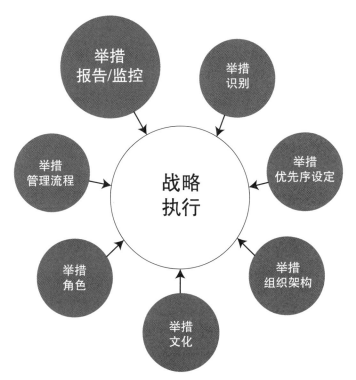

图8-1 举措报告/监控：战略执行关键成功因素

上仅仅有按时交货率、客户保持率、安全、员工满意度等，却很少显示占投资比重越来越大的所谓"举措回报率"。

有效的举措支持体系，并不需要某种固化的领导和管理风格。你可以是贴近运营，了解细节的一类高管。你也可以偶尔地，如本章开篇提到的安吉拉一样放低姿态到微观管理层，事必躬亲。或者，你也可以是一位纵观大局的人，不拘泥于细节，或委托别人监管战术。无论是否亲力亲为，你都会期望关键项目的进度能够可视化，可以让你和其他资深利害干系人随时可见可知。

即便是贯彻始终的战略也需要调整，以便跟得上市场、竞争、监管以及技术的动态变化。我们的经验数据是，只有30%的战略变革是靠增量式的改进活动——如日本的改善（kaizen）——实现的，这意味着70%的变革重担就落到了我们称为战略举措的特殊项目肩上。**如果举措的绩效并不在仪表盘上显示的话，那么战略执行的步调和效果就呈失控状态**。你重大的战术性改进活动，也会有风险。

战略举措的整个生命周期，从结果、活动，到资源耗费，以及步调都应该清晰显现。进而，每一关键项目都应该定期总结检视。就如体检一样，至少其成果是知道一切正常。而往往它会警示我们该立刻采取行动，要么将项目拉回正轨，要么重构项目举措，要么调整项目范围或方向。

举措报告：需规避的陷阱

如果你的组织对项目绩效缺乏监控，我们会十分惊讶。不过，你往往也不能容忍以下对话中所体现出的严谨缺失：

项目发起人："项目 A 进展如何？"

项目经理："不错。"

项目发起人："很好。有问题尽快告诉我。"

项目发起人："项目 B 进行得怎样？"

项目经理："稍显落后，但我们会很快赶上进度的。"

项目发起人："很好。有需要的话尽快告诉我。"

项目发起人："项目 C 进行得怎样？"

项目经理："我已经完成，不过比原计划多耗了点时间和预算。"

项目发起人："延期多长时间？"

项目经理："差不多六个月。"

项目发起人："啊！预算超多少？"

项目经理："我查到马上告诉您。"

项目发起人："项目 D 如何？"

项目经理："暂停了。"

项目发起人："我头一次听说哦！被搁置多久了？"

项目经理："三个月了。"

项目发起人："为何暂停？"

项目经理："被其他更重要的事情押后了。"

项目发起人："哪些更重要的事情？"

项目经理："这……我就不知道了。"

项目发起人："我可没听说过啊。"

一旦要有举措报告，高管需要规避以下常见陷阱：

● **未识别出"关键少数"指标**。有些组织会测评所有活动。他们监控每个项目，或每个项目集中各活动步骤的进度、资源耗用、质量、风险。这种级别的跟踪，对项目经理和项目组员是必要的，但高管并不必看得如此详尽。我们发现每个项目和项目集——无论有多复杂——仅需少量的几个指标就可为高管提供战略举措层面的所需信息，以便他们基于方向性变化制定决策。

● **对所有举措一视同仁地测评**。为满足高管对项目集或项目组合的全景视图的要求，一些组织将单个项目的信息整合成算数和或平均数。就如其他测评指标一样——例如，销售额并未按地区分类，或生产绩效未按工厂分类——算数和及平均数会掩盖许多问题。某个成本控制项目集的整体进度看起来很健康，但仅仅是因为两个低优先序的举措各自比计划提前 10%，却很不适当地将优先序高得多的某项目 20% 的延迟给平均掉了。

● **只关注内部**。大多数的报告都是聚焦于项目计划的活动和资源耗费的。尽管这类信息是项目报告的关键内容，但仅依赖这几项会导致危险的内聚焦。例如，每项战略举措都是基于对外部环境的一系列假设而制定的，譬如在某固定汇率下的资金可获取性、客户的购买标准、技术变革的速度。时过境迁，现实就会打脸我们所制定的最佳假设。资金成本很可能变得比预计的要高得多。客户可能不愿意为技术上先进很多的产品而多付钱。纳米科技和无线技术的进步要比预测的快很多。坚持计划是没错的，但不能冲向悬崖却不勒马。你的项目和项目集报告应该包括与外部相关的绩效指标，尤其是与客户、利害干系人以及监管方相关的绩效指标。

●**只测活动不测结果**。太过重视日程和资源耗用，会让你忽视项目成果。仅仅知道某项目一直守时且未超预算，却无证据显示其达成了目标，是不会让你心安的。要严防"虽不知去向何方，但我们正全速前进"的综合征。

●**未能简单有效**。我们曾见过需要项目经理填写大量的举措进度月度总结的报告流程，还遇到过企图用复杂的数学公式来表征项目集健康度的。如果状态报告格式复杂而麻烦，就会被弃之不用，甚至更恶劣的，会包含错误信息。我们还发现，过度的人盯人的跟踪与记录、高频率的状态报告，会让高管们难以解读。这些报告通常都被扔进抽屉里不看。

●**未能严格执行测评制度**。测评举措的绩效并反馈信息，从来都不是件有趣的事情。但是，如果没有严格的定期报告，你的项目会失控。我们的一位客户说："要求按时交报告就像让人多吃蔬菜一样难，都知道对自己有好处，但却不喜欢。"

项目监控的维度

如果你的组织掉进了上述的某个陷阱，那么你需要改变项目汇报给高管的方式。

●从基于观点改为基于事实

●从浮在表面或过于细致改为合适的细节

●从仅有对项目经理有价值的、固定的信息改为包含对高管有价值的信息

●从单纯面向活动改为首先面向结果，其次面向活动

144

为达成以上目标，我们建议监控四个"P"，如图 8-2 所示：

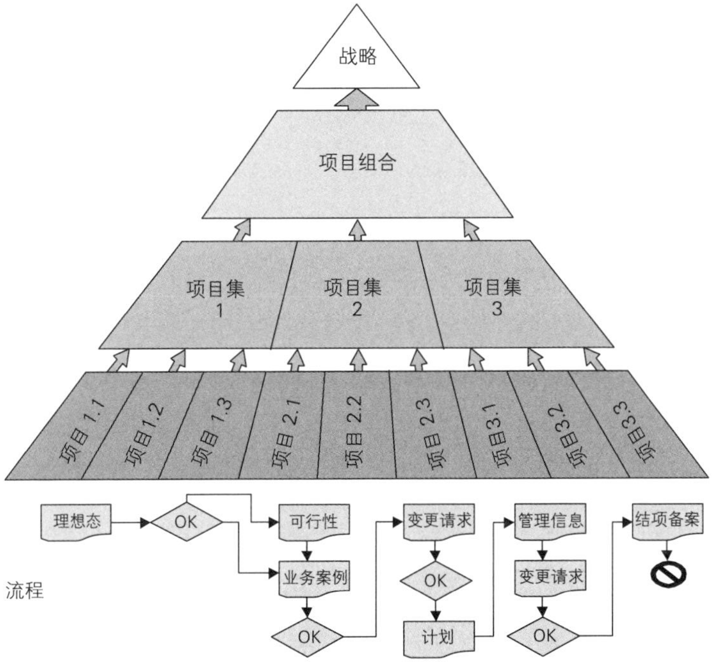

图8-2 举措成功的4P

●**项目（project）**，或举措，是彼此关联、不重复的活动序列，导向一个目标。例如，凤凰项目，目的是要重新激活拉丁美洲市场；海神项目，是要开发并上市下一代的潜水数码相机；阳光项目，是要确保公司的账目干净清白、无可指责。

●**项目集（program）**，是共享同一个目标的一系列项目。例如，你有两个文化转型项目、三个降低成本项目，以及四个并购项目。

●**项目组合（portfolio）**，是全部的项目集和项目的总概括，曾在第3章中详述过。

●**流程（process）**，是活动及协议的顺序和序列，你可以通过它识别、核准、规划、派工、实施、管理项目。

一个完整的行业正在形成，它提供工具与技术，来产生与项目健康相关的所有数据。为规范适用于高管层的信息深度与格式，我们选用了这些标准的技术，并加上了我们开发的其他技术。

监控的原则

我们提出三个原则，用于设计监控系统：

1. 作为高管，你不必沉浸于具体项目的细节中。但你所获取的所关注领域——关键项目集、整体项目组合、战略执行——的情报，其质量要与你掌握的具体项目的信息质量一样高。具体项目的状态是一切信息的基础，后续的报告要基于它（参见图8-2）。你应该创建一套文化，为目标导向的举措报告工作提供激励。

2. 如果你收到一个项目集的总结报告，里面除了当前项目绩效的快照外，别无其他，那么，你就该发问："它和谁对比？"所有的项目和项目集的信息应该按"理想值比现实值"的格式呈现，这样才能突出正负偏差程度。例如，用"交通灯"的报告格式便可迅速将注意力吸引到关注点上。比如我们的一个客户，绿灯代表绩效实际值不低于目标值的90%；黄灯代表80%～90%；红灯代表低于80%。

3. 只要有可能，就将所有关键维度的本月/本季的数据与上月/上季的数据做对比，这样你就能发现趋势，十分有价值。

举措报告的五大要素

任何项目，无论性质如何、规模大小，都能从产出成果、达成目标的时长以及产生成果的最大投资这几个方面来定义。我们建议报告系统还应添加两个要素：问题解决和利害干系人满意度。在后续的几页里，我们将讨论这五个要素。

结果报告

在项目结案评价（详见附录 A）前，想要测试举措能否达成预期目标，几乎是不可能的。但是，结案评价聚焦于滞后指标，此时项目已然结案，一切都为时已晚。在项目过程中，你需要前导指标，它预示达成预期成果的可能性。

例如，在 20 世纪 90 年代中期，伦敦急救服务企图部署一套计算机辅助派单系统（CAD），以将急救呼叫与救护车队匹配。这套系统只投入使用了 3 天，就因大规模公众抗议而被叫停，并被指控称有超过 30 人因这套系统的耽误而死亡。针对这个项目失败原因的公开调查[①]显示，导致救护车太晚抵达的原因在于，这套计算机系统并未做过充分的压力测试（测试系统的最大呼叫承载能力）。

有几位急救服务经理辩称在系统上线之前，是不可能评估其效能的。但是，责任心强的项目经理是不会允许系统未经严格的仿真环境测试，而贸然上线的。这种测试应该是计划的一部分，用以衡量项目的进度。

新产品推广项目通常包含客群聚焦或市场测试。IT 项目往往包含一个试点工程。在监督业务变更类项目方面，譬如文化转型或保养停机，高管若想在上线前就做正式测试是不现实或不可行的。但评估项目各个活动达成项目目标的可能性其实很有必要。

为有助于这类评估，我们采用了一套称为**结果绩效指标（RPI）**的测评体系。它可以遵循下面的流程计算出来：

1. 总结项目的目标成果，并确定其中哪个成果可以在项目结案前交付。

例如："所有相关人员将使用该系统。"

2. 确定哪个目标成果可以在项目结案前部分达成。

例如："所有相关人员将接受新流程的使用培训。"

3. 评估哪个目标要待某个项目活动完成的时点才能测出来。

---

① 布莱恩·兰德尔。关于伦敦救护服务的调查报告，伦敦：泰晤士西南卫生局，1993。

例如："提升市场份额。"

4. 为每个目标指定权重，用百分比反映其对整体目标的贡献度。

5. 使用工作分解结构（详见附录A），识别在项目结案之前可完成或部分达成的目标所对应的活动。按月或按合适的时段预估各活动交付成果的百分比。

6. 在项目推进过程中，将实际达成结果与预期相对比，可以产生一个分值来有效体现"实际值"比"理想值"。

7. 将各目标的达成率乘以相应权重，将权重分值汇总，就形成了结果绩效指标（RPI）。

例如，有个项目宣言：

"VMB公司要在12月31日前以7万欧元的预算开发出项目管理能力。"

项目宣言		VMB公司要在12月31日前以7万欧元的预算开发出项目管理能力											
总目标 项目结束时达成：	指标	项目结案需达成的目标	实施6个月后总结阶段目标	每月计划交付的成果						8月实际值	理想绩效指标	实际绩效指标
				6月	7月	8月	9月	10月	11月			
聚焦高优先级的项目	项目组合中的项目总数	减少到前30个	30个项目	120	120	60	30	30	30	90	1	0.5
本目标权重		30%		加权绩效指标							0.3	0.15
明确项目参与人的角色和责任	项目经理的胜任能力评估率	80%	100%	0%	0%	40%	50%	60%	70%	10%	1	0.25
本目标权重		10%		加权绩效指标							0.1	0.025
预算内交付的项目	预算内交付的项目比例	无	100%	20%	20%	20%	20%	20%	20%	20%	1	1
本目标权重		25%		加权绩效指标							0.25	0.25

图8-3 结果绩效指标（RPI）分析表（局部）

如图8-3所示，第一个目标是"聚焦高优先级的项目"，以将项目组合中的120个项目减少到30个为测评标准。该项目计划显示，这个筛选过程将在8月和9月进行。项目经理承诺在8月31日前将项目组合减少到60个项目，最终在9月30日前减少到30个。

8月份的实际绩效是将项目组合减少到90个项目。那个"现实比理想"

率是 0.5（项目被减掉了 30 个，而不是 60 个）。比率小于 1 代表绩效未达标。因为这项目标的权重为 30%，故而其结果绩效指标（RPI）在 8 月份是 0.15。

　　每个目标都要计算结果绩效指标（RPI）。加总各目标的结果绩效指标就得到整体举措的结果绩效指标值。在审视了结果绩效指标的数值和格式后，高管级的督察员发现，这可以帮助他们回答一个关键问题："我们对于这个项目能否交出符合我们需求的成果是否有信心呢？"如果结果绩效指标开始就比 1 低很多的话，那些高管应该思考，是否：

- 项目所依据的前提假设已不合理
- 项目计划出了问题，无法交付预期成果
- 工作质量不达标，导致无法交付成果
- 项目所需资源的数量与质量不足

时间表与成本报告

绝大多数的组织用里程碑来查看项目进度。所谓里程碑，就是完工路径上的重大事件。例如：

- 饮料包装设计获高管签批
- 食品药品管理局确认某新药的临床试验成功
- 程序员完成了新软件的代码
- 操作员通过了新安全程序的认证

　　虽然计划中的每个步骤都可视为里程碑，但你没必要将时间耗费在正式评估详细计划中的每个步骤的进度是否完成。此外，你也不必要求项目组把时间更多地花在跟踪而不是干活上。对于复杂计划，里程碑是关键路径上的重大步骤。例如，产品开发流程中频繁使用的"阶段验收"，就是天然的里程碑。

　　里程碑报告在突出项目活动、实现可视化方面很有用。但是，许多高管还要求用基于挣得值分析法的更多全局指标来对项目达成度进行评估。挣得值分析法可以提供基于"耗时"（项目投入时间）和"耗资"（项目投入成本）的项目绩效信息。它回答以下问题：

- 项目进度达标吗？
- 所剩时间够项目完成吗？
- 我们用掉了多少预算？
- 预算余额够我们完成项目吗？
- 就目前工作进度而言，我们花掉了多少钱？

为了回答以上问题，挣得值分析法会提供以下三个价值原则：

- **计划价值（或称工作计划成本预算）**，是起始日到报告日之间的项目时间和成本预算
- **实际成本**，是从项目起始日到报告日之间所做工作的实际成本
- **挣得值（或称已完成工作的成本预算）**，是所完成工作部分的时间和资金预算中的实际耗用

这些数值常被用作变量和指标，诸如：

- **成本绩效指标（CPI）**：实际成本与预算之比，CPI＝挣得值/实际成本
- **进度绩效指标（SPI）**：实际完成工作与工作进度之比，SPI＝挣得值/计划价值

举例说明挣得值分析法可提供的洞察：在1月到8月间，某项目组花费了5万美元，较该期的预算省了5千美元。这是件好事吗？否！因为截止到8月工作结束，该项目组比预算多花了1.6万美元，其成本绩效指标（CPI）是0.66。

在你的目光变得呆滞之前，我们要暂停一下。我们的目标不是要让你陷

150

入对公式和比率的理解上，我们不过是想给予你信心，有各种层次的严谨工具，普通的项目经理只需要花一点时间接受培训就能有效使用，提供高管所需的状态报告。有了这个报告，高管就能搭准战略执行和举措部署的脉搏。

问题解决报告

PRINCE2 项目管理方法[①]（基于过程的结构化项目管理方法，现已成为英国项目管理实施标准，风行欧洲与北美等国）将问题定义为"会对项目产生影响（无论是有利还是有害）的任何事物"。项目问题可以来自项目内部，或是外部环境。问题被识别出来或被解决掉所产生的效力，往往对项目的成功有着实质性影响。

探究问题解决的技法、决策制定以及规划工具显然超出了本书范畴。如果你想探究我们所使用的方法，建议阅读《新理性经理人》[②]。

从项目报告的视角看，你会希望信息可以告诉你问题是否被迅速地识别，并有效地解决。为了达到这个目的，项目和项目集经理需要一个简单的电子或手工表格，可以：

- 描述问题是什么、出现在何处、何时出现、有多大。
- 勾勒出解决问题的方法。
- 指明由谁负责问题的解决，以及其他参与人都有谁。
- 标明问题解决的截止日期。

在项目总结会上，项目或项目集经理要汇总未解决问题的总数，以及解决问题的平均时长。建议用上述的四条要点来展示。这样会既简明扼要，又便于理解，足够吸引你的注意力，让你了解细节。

问题清单不应仅限于当前发生的问题和不良事件。在举措管理水平达

---

① 科林·本特利。《实战 PRINCE 2》伦敦书局，1998。
② 查尔斯·凯普纳，本杰明·特里格。《新理性经理人》，普林斯顿研究出版社，1981。

到世界一流的组织中，**潜在问题和机会**也属于需解决的问题。这类问题的"解决方案"可以是有效的行动或计划，以降低潜在问题的发生概率和严重程度，以及充分利用机会。

有时，问题会太过严重或太过复杂，以至于不能在既有项目计划内解决。在此情形下，项目经理可以提出正式请求，修改项目。你可能要把"未经核准的变更请求"纳入你的管理报告之中。

利害干系人满意度报告

一个项目会有各种客户：发起人、高管团队的其他成员、目标受众，以及其他受影响的团体。作为确保相关利害干系人的参与度与满意度的基础，这些利害干系人的意见和建议必须征询并跟进。就战略举措而言，不仅要在意客户对项目结果的关注，还要在意客户对项目的具体活动、项目沟通以及项目管理的关注。图 8-4 所示是某组织的利害干系人满意度调查问卷。

	1	2	3	4	5
你对项目达成目标的信心有几成？ 1=毫无信心； 5=非常确信					
项目所针对的商业需求，自项目开工以来，其重要性发生了改变吗？ 1=非常不重要； 3=同样重要； 5=较之前更加重要					
项目团队实施项目的效能和效率如何？ 1=几乎无效能、无效率； 5=非常有效能和效率					
项目经理和项目组员就项目进度及问题与你沟通良好吗？ 1=非常差； 5=非常好					
你在本项目中的身份和参与度是否恰当？ 1=非常不当（太多/太少/类型不对） 5=非常适当					

图8-4　利害干系人满意度调查问卷

举措报告流程

对于超过六个月的项目，项目经理通常要提交一份月度报告。对于短期项目，通常是每周报告。为简化这项工作，我们推荐一个统一的、标准化的报告模板，分为五大部分：结果、时间、成本、问题解决、利害干系人满意度。

我们建议项目经理与发起人共同检核这份报告，然后再提交项目集总监或项目集办公室，以便与项目集中的其他项目报告整合。你或许不一定要了解个别举措的现况，但相关信息需要准备就绪，随时备查。

项目集报告

项目集是有共同目标的一系列的项目。自然，其报告就是所涵盖各项目的报告汇总。之前介绍过的结果绩效指标（RPI）、进度绩效指标（SPI）、成本绩效指标（CPI），以及问题解决绩效、利害干系人满意度等指标，可以整合起来为整个项目集提供绩效描述。

不过，简单的合并有可能会遮掩一些问题，因为其并未将具体项目相关的重要性反映出来。譬如，某制药公司有个重要的 FDA 合规项目集，包括一个预算 4 万美元的，进度绩效指标（SPI）为 0.8 的培训项目，和另外一个预算 100 万美元的，进度绩效指标（SPI）值是 0.4 的业务流程再设计项目。平均后，项目集的进度绩效指标（SPI）就是 0.6，这会给项目集发起人一个不适当的整体绩效认知。

为能给项目集的状态做精确的评估，我们设置了所谓的"相关重要性"或"组织增加值（OVA）"指标。也就是说，那些预期交付更高组织增加值（OVA）的项目，在整个项目集绩效评估中应占有较高的权重。可以简单地为每个项目设置绩效关联权重——所谓"项目组合评估分值"——通过在第 3 章描述过的优先序设置流程中算出来。

图 8-5 显示了一个规模不大，但与战略关联度高的人力资源改进项目集

图8-5 项目集状态报告样例

单独项目状态

项目组合评估分值	项目名称	当前阶段截止日期	项目发起人	项目经理	项目状态 本月	项目状态 上月	未解决问题	问题解决时长（天数）	未获批变更请求	结果(RPI) 本月	结果(RPI) 上月	进度(SPI) 本月	进度(SPI) 上月	成本(CPI) 本月	成本(CPI) 上月	利害干系人满意度 本月	利害干系人满意度 上月	组织增加值 RPI×项目组合评估分值	组织增加值 SPI×项目组合评估分值	组织增加值 CPI×项目组合评估分值
238	员工职业发展规划	执行12月3日	莎拉	菲奥娜	正常	预警	2	15		0.82	0.80	0.77	0.75	1.10	0.99	5	5	195	183	261.8
204	Kronos	定义3月3日	莱斯利	莎莉	预警															
188	多元行动小组	执行11月3日	尼基	露西	预警	预警	3	20	9	0.75	0.62	0.69	0.60	0.65	0.67	5	3	141	130	122.2
175	管理系统	执行6月4日	莱斯利	莎莉	正常	严重	10	41		0.80	0.67	0.81	0.75	1.20	0.98	44		140	142	210
总计																		476	455	594

项目集汇总

项目组合评估分值	项目名称	当前阶段截止日期	项目集发起人	项目集经理	项目集状态 本月	项目集状态 上月	未解决问题	问题解决时长（天数）	未获批变更请求	结果(RPI) 本月	结果(RPI) 上月	进度(SPI) 本月	进度(SPI) 上月	成本(CPI) 本月	成本(CPI) 上月	利害干系人满意度 本月	利害干系人满意度 上月	组织增加值 RPI×项目组合评估分值	组织增加值 SPI×项目组合评估分值	组织增加值 CPI×项目组合评估分值
805	人力资源改进项目集	执行16月4日	西蒙	山姆	严重	严重	15	25	1	0.592	0.527	0.565	0.525	0.738	0.662	4	4	476.2	454.7	594

的月度报告。每一个项目的绩效，都在"单个项目状态"栏用之前所述的五个报告维度进行描述。所有项目按项目组合评估分值来排序，以确保最重要的项目先被复核。在"项目集总结"栏，你会看到组织增加值的分数已被用于产生加权的结果指标、时间指标和成本指标，这就可以为整个项目集绩效提供一个均衡的视图。

154

项目组合报告

在项目组合报告层面，有两个待回答的简单问题："我们在做正确的事情吗？""我们把事情做对了吗？""把事情做对"，可通过管理报告来评估。这份管理报告，其实是由项目组合中所有项目集的报告（图 8-5）汇总而成。它能展现项目组合中的各个项目集的相关绩效，并能让感兴趣的人双击任何项目集查看各单个项目的状态。

至于"做正确的事"，你的业务战略就该包括一系列与战略成功相关的关键指标。这套指标通常包含整体财务成果、关键产品与关键市场的绩效、相较竞争对手的业绩，以及客户满意度。[①] 这些测评指标应该能让你确定项目组合是否走在正确的战略轨道上。

流程管控

最终的报告维度是流程绩效。与聚焦单独的项目或项目集不同，它与支撑所有项目和项目集的"桥墩"强度相关。你要习得在两个领域实施某种程度的管控：贯穿整个项目周期的决策的质量，以及项目和项目集管理流程的有效性。

"项目护照"：项目决策优化工具

你的项目管理流程（参见第 7 章）应该包括捕获必要信息的方法。这些信息是用于在整个举措生命周期中设定预期值和辅助决策的。以此为目的，传统的项目管理方法论使用一系列控制文件，如：

- **项目启动表**，以记录初始意图
- **许可证**，作为核准文件，为项目制定业务情境规范

[①] 麦克·弗里德曼，本杰明·特雷戈。《战略领导力的艺术与纪律》。纽约：麦格劳希尔出版社，2003。

- **项目管理计划**，详尽记录人物、时间、费用
- **月度报告**，统计项目实施过程中的进度及问题
- **门径报告（state-gate report）及核检表**，确保一个阶段的所有工作要素在进入下一阶段前已完满达成
- **变更申请**，在项目执行过程中针对重大修正的批准请求
- **结案报告**，记录经验教训以及承诺的兑现度

许多人认为，这些文本文件很有必要，因为它们既可将项目组合可视化，又可对项目组合实施控制。但是，除了最复杂的项目外，我们发现很难让项目经理有效使用这些文本文件。而且我们怀疑，作为一位高层项目发起人的你，是否会阅读如此之多的报告。虽然绝大多数的规范性的项目管理方法论都要求相当程度的流程管控（例如 PRINCE2 就有 26 套控制文件），我们的经验则建议，"少即是多"。

简化举措文件的需求引领我们开发出了一个工具，叫作 **项目护照**（**Project Passport**）。项目护照是一个单一文本，在整个生命周期中不离不弃地与项目为伴，获取各个通关印鉴，并加注项目进展信息。譬如，在项目定义阶段的末尾，护照上会记录项目目的与范畴等基本信息。在项目规划阶段的末尾，护照上则会记录业务情境信息，还有详细的计划与风险分析。

项目护照会将项目社群的注意力聚焦于采集有助于高效决策的信息。我们发现，项目护照还有其他好处：

- 花费更少的时间用于准备文本文件，释放资源用于产生项目交付件。
- 项目信息更便于访问，因为都集中在一处。
- 消除了"何时该用什么文件"的混乱。
- 训练人们使用单一文本，要比训练使用多个文本高效得多。

以一个典型举措为例，项目护照具有图 8-6 中所有问题的答案。

生命周期阶段	各阶段应添加的信息
启动阶段	此项变更的必要性是什么？
	本项目的预设范围是什么？
	如果无所作为会怎样？
	我们还有哪些替代方案可考虑？
	本项目的关键目标是什么？
	超出范围的有哪些？
	本项目的发起人是谁？
	关键利害干系人是谁？
	成功的最大风险是什么？
定义阶段	本项目应产生的具体收益是什么？
	本项目对我们的目标有何贡献？
	需要多少预算和哪些资源？
	应该考虑哪些假设与约束？
	应该考虑哪些相关关系及接口？
	本项目的主要交付物及里程碑是什么？
	项目管理工作由谁负责？
规划阶段	所有工作如何排期？
	每项工作包分别由谁负责？
	识别出来的风险将如何管控？
实施阶段	按排期，我的进度跟得上吗？
	我们的工作符合预算及资源要求吗？
	我们遇到了什么问题？
	识别出了哪些新风险？
	针对原计划，我们要提出哪些变更？
结项阶段	我们向用户完成了移交吗？
	项目结案并完成了必要沟通吗？
	我们采集了有用的知识和经验教训吗？
	针对所达成的成果，我们做了评估吗？

图8-6 项目护照模板

你的项目/项目集管理流程管用吗？

　　或许你有个令人羡慕的身份，所发起的举措既能按期达成目标，又不会超期超预算。但是，举措的貌似成功，或许是以牺牲日常运营为代价的。或者，里程碑的达成，其实是靠项目组员每周工作七天、围着项目转拼出来的，而代价却是把这些价值员工变成了"僵尸特工队员"。果真如此的话，你的项目就如同构筑在陡峭岩石之上。

缺乏稳健而维护良好的举措管理流程护体的话，

- 就缺乏统一的方法让员工定义、规划及实施项目。（"如果都处在同一个项目，为啥我们进度不一致？"）

- 就缺乏一个收集知识与经验，并运用于后续项目的框架。（"我们之前不是搞砸过这类项目的吗？"）

- 就无法明晰员工个人的角色与责任。（"作为项目发起人，我到底该做些什么呢？"）

- 你将无法针对项目以及项目集，提供持续的、高品质的状态信息。（"我们走到哪一步了？"）

- 你将不得不依赖个人英雄主义，即便管用，但并非长远之计。（"如果查理哪天出了意外，我们该怎么办？"）

项目监控的第二个领域，是要确保举措和项目集管理流程能交付你所预期的成果。若想达成这个目标，你要上线一套控制流程，它能反映你的核心业务流程——譬如订单履行流程和产品开发流程——的状态。这个流程应该体现出以下简要的分析与控制原理，而这些其实就是六西格玛的支柱：

- **定义**。识别项目管理子流程中的与成功至关重要的关键少数活动。如在项目定义阶段，关键少数活动可能是范围界定、目标设定、财务评估。

- **测评**。你要运用客观标准（如基于准则的财务评估、计划截止日期）来衡量项目管理流程，还要衡量利害干系人的看法。

- **分析**。在标示了上下限的控制图上填写分值，这样便于分辨绩效偏差肇因是"常规原因"还是"特殊原因"。[1]

---

[1]　约翰·比切诺。《质量50：大师、工具、废物、技术和系统指南》。白金汉郡，英国：Picsies Books，1994。

- **改进**。深挖特殊原因的根源，并采取改进行动。

- **控制**。为确保特殊原因保持在消除状态，降低流程的变异，我们建议你要亲自指导项目管理流程业主，以便：（1）持续优化流程设计；（2）充分运用技能及 IT 系统，确保最佳执行；（3）尽早将五大报告维度制度化。

结语

　　绝大多数的资深高管，都倾向于投入大量的人力来生成——以及自己的时间来核验——过往的财务、客户满意度、质量表现、生产力水平等信息。这些数字颇具价值，但并不能为你提供直观的洞察，以分辨当前业务是否能跟得上新的变化，是否能应对新的挑战。作为战略执行的载体，我们认为，你的项目、项目集、项目组合以及流程测评与报告体系应该如同你对日常运营绩效的监控一般，既严格又规范。

第 **9** 章

国际最佳战略执行

在第 1 章提到的哈默史密斯工业的 CEO 菲利普·伯顿，对公司蜗牛般迟缓的战略执行步调懊恼不已。他明白，简单粗暴地鞭打慢牛不是个办法。他很欣赏某海报上的格言，事实上都成了办公室的装饰物："无论你多努力，用刀叉舀不了汤，因为它本就不是设计来舀汤的。"与其他公司一样，哈默史密斯是按日常运营而构造的，且运营良好。但是，支持最佳举措的流程、角色以及文化，在企业中尚未烘焙成型。而现在，是时候预热烤箱了。

菲利普的高管团队足够精明，深知并无魔法仙丹能将哈默史密斯的运营能力转型成为战略举措执行能力。所以，高管们能抵住诱惑，不打算简单地把每个员工扔进项目管理研讨会中学习、设立并组建一个项目办公室，或推行一条现成的项目管理流程。他们认识到，若想在日常职能责任和战略举措责任间取得平衡，唯一的办法是将企业模型的各个变量——领导力、业务流程、目标绩效、技能、信息系统、组织架构、文化，以及问题解决——与哈默史密斯的具体实践相结合，做到适配。

高管的第一项行动，是统计在途或拟行的项目和项目集。在对现有项目范畴深入了解后，他们着手对自身项目组合的性质和规模做艰难抉择。当真正开始审议之时，另一个问题冒了出来：哈默史密斯的战略足够清晰吗？能指明变革项目集的方向吗？他们的结论是："或许不能！"

要让哈默史密斯踏上最佳战略执行之路，必须：

1. 领导集体要描绘出战略愿景。团队要厘清产品的范围及侧重、成长之源，以及竞争优势。由于争论越来越频繁、激烈，于是，他们推翻了开会前的假设：大家都有一个共同的战略愿景，完全不必再写出来。

2. 菲利普要克服自己的抵触情绪，设定一个新职位，并指派战略执行官

（Strategy Implementation Officer，SIO）。这位高管团队的新成员——曾挂帅营销部门的猛将——被委以重任，既要规划出项目组合，又要为项目组合的顺利执行制定出管理制度与流程，还要把项目组合所需的必要资源筹集到位。这无疑是公司中最刺激、最具价值的岗位。

有了战略执行官（SIO）所驾驶的战略大巴车，哈默史密斯着手上路了。它识别出了一系列的举措，设定了优先序，并做了一一部署，这将为其战略执行之旅充电加油。公司准备好了一趟历经本书所述七大领域各历程的穿越之旅。

高管的职责无非两个：战略制定与战略执行。本书聚焦于战略执行。我们已经知道，战略——无论是靠坚持传统之路成功，还是靠创新之路成功——都不会因逻辑完美的制定而自发地生根发芽、茁壮成长。

如果贵公司的业务拓展流程、供应链管理流程、客户支持流程、计费/收款流程，以及预算、招聘、信息系统管理等后台流程，都堪称典范，这些流程"流水线"都运作畅顺、产品与服务质量有保证、客户关系维持良好的话，那么，自然会效率有保障、财务状况良好啦。

不过，如果本书的另一个目标旨在强调一个事实即"流程只是成功等式的一半"，而且你战略举措的基础设施很薄弱（图 9-1）的话，战略还是无法执行。

该从何处着手呢？

基于对高管角色之于战略举措成功与否的洞察，与哈默史密斯的菲利普·伯顿一样，你会认识到，有必要大幅度或增量地改进举措的支持流程、结构和环境。正如你预见到的，这个过程很容易衍生出一个或多个项目。你首先要问下面两个问题：

1. 要执行举措，还需要什么？

2. 该从哪里开始？

为找出第一个问题的精准答案，我们建议你首先完成附录 B 中的自我测评。如果答案是几个"我不知道"的话，或许你就需要一个独立的举措审计了。

你也许要在图 9-1 所示的七个领域或部分或全部地找差距。但你多半是

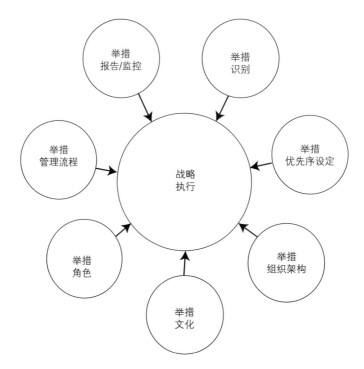

图9-1 战略执行七大关键成功因素

没有足够的精力一次性弥补所有落差。

你有一条项目组合管理流程吗？它是以鉴别协议开头的，目的在于将所有具潜在价值的举措都置入筛选漏斗之中。如果没有的话，那么你应该从这里开始。一旦为当前项目的容量和活动设置了基准，这个项目组合管理流程就可确保你的战略会确定你未来举措的优先序，并驱动举措负载。

为有助于你按需设定优先序（附录 B 中未勾选栏目），我们推荐一些原则供参考：

- 最大化对举措的成功至关重要的长期积极影响。
- 最大化对举措的成功至关重要的短期积极影响。
- 最小化对日常运营的负面影响。
- 最小化举措执行时间。

- 最小化举措执行成本。

以上原则得以运用之后,你或许会发现,自己的当务之急是解决某些企业文化问题;或许会发现,你急需一套通用的方法论来作为要推倒的第一枚多米诺骨牌;或许会发现,你需要调整组织架构。

结语

在你的绩效版图中,战略举措部分的绩效既可能曝光率最高,又可能隐匿性最大。无论哪种情况,它们都预示着机会和威胁。一面天使一面魔。一方面,举措是事业增长、完成非常规工作、改进交易过程的方式方法;另一方面,举措也会是资源黑洞。

若要设法解决项目的正负面的互搏,高管不可以袖手旁观。你必须扮演关键角色,解决与本书所述七大成功因素相关的问题。值不值得投入大量的时间精力用于改进组织的项目执行呢?如果你真有疑虑,那就请记住:

战略举措是驶抵战略目的地的战车。在他人忙于各自贡献之时,只有靠你驾驶。没有比成功实现组织愿景更为重要的了。

战略举措管理流程

第7章罗列了上线一条举措管理流程的好处。这条举措管理流程是跨职能部门以及跨项目的接口标准以及行为规范。如图A-1所示，流程的品质，以及流程所遵循的规范使其本身成为战略执行效果与效率的七大要素之一。本附录介绍的这条流程在世界各大洲的各行各业中的大小不同、文化各异的组织中都成功实施过。

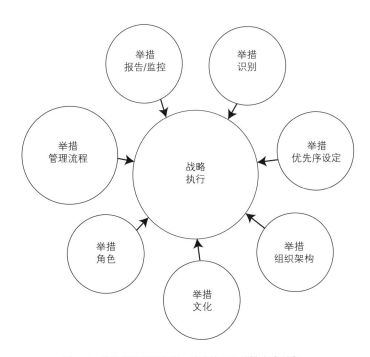

图A-1 战略举措管理流程：战略执行的关键成功要素

图A-2所描绘的流程，可在易用性与鲁棒性（robustness）之间取得均衡。项目经理只要"双击"或"三击"各步骤，就会弹出对应的工具、协议与指南。我们把"你"从各种细节的颗粒度中解放了出来。在整个流程的解读过程中,"你"代表你组织中的相应个体,而不是指你本人。这条流程符合作为项目管理领域的标准方法和工具的"项目管理知识体系(PMBOK)"[①]的要求。

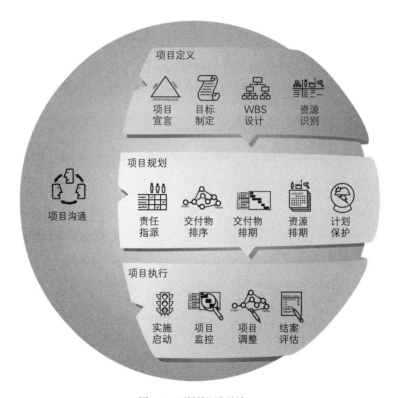

图A-2　项目管理方法论

　　贯穿本附录的示例,是战略举措的简捷版,但所运用的方法论已成功运用于诸如全企业信息系统推行、价值数百万美元的新产品发布、工厂关闭等十分复杂的项目。

---

　　①　美国项目管理协会出版,《项目管理知识体系》(2000 版):2001 年。

项目定义

步骤 1A：项目宣言

在开始一个项目之时，很有必要简明扼要地描述项目目标、完成时限、成本上限。这份项目说明将强化大家对项目范围、项目深度以及资源投入的共识。在此处花些时间是值得的，项目宣言可以促成前期的沟通，并可作为整个项目过程的试金石。尽管其他人会给予各种意见和建议，但这份项目宣言则要由项目发起人起草拟订。譬如，以下就是个战略举措的项目宣言：

在 400 000 美元预算内，截止到 9 月 30 日前启动公司的品牌重塑

项目宣言可以随项目的演化而更改。但宣言的实质性变更，实际上反映了项目方向的调整，以及项目投资的变化，所以：

- 要仔细掂量每一个变化所带来的影响；
- 项目发起人要签发批准每一个变更；
- 变更必须传达到项目组成员、目标受众，以及任何原项目宣言所沟通过的其他人。

步骤 1B：目标制定

项目目标具体是：

- 项目的具体产出
- 项目的愿望
- 项目的约束条件

项目目标回答两个开拓性问题，"为何我们要做这个项目"以及"如果项目成功，会启示我们什么"。项目成功的关键要素之一，是要确保所有利害干

系人都认同、接纳同一个项目目标。目标是照亮项目前进道路的灯塔。为项目制定出 5~15 个目标并非易事，但"此时不做，迟早要做"。如果前期未能设定目标，往往会导致项目混乱、恶化及后期的错估。有了项目宣言，发起人就拥有了项目目标。步骤 1A 的品牌重塑项目，其目标会包括以下的几个期望的产出：

- 定义一个能代表公司新战略的品牌
- 就品牌重塑的"内容"、"必要性"和"实现方法"，达成内部共识
- 确保所有产品和促销资料都换了新品牌
- 向目标市场宣传新品牌

还有如下的抱负（每一个都应该可评可测）：

- 成为利基（nicke）市场的第一知名品牌
- 成为本国认可度及推崇度最高的品牌之一
- 项目的直接成果产生新订单

以及如下的约束限定：

- 在 10 月份的交易会之前准备就绪
- 现金支出成本（如付给市场营销公司）控制在 200 000 美元以内
- 不得拖慢 X-32 升级版的发布

步骤 1C：工作分解结构（WBS）设计

在本步骤，你要明确需提交的交付物，以及项目执行过程中要采取的行动。先捋顺宏观的"大块工作"，然后再将各大块的工作一层一层地细分，直到各个具体活动都由个体或小组承担。作为之前步骤谈及的品牌重塑举措的局部示例，其工作分解结构为：

1. 品牌内涵提萃

2. 口号及图形设计

3. 品牌内涵及理念内部沟通

4. 品牌内涵及理念外部沟通

5. 包装变更

6. 广宣资料及网站更新

完整版的工作分解结构通常含有子步骤（1.1、1.2、1.3，甚至有1.1.1、
1.1.2、1.1.3）。有许多的格式、工具、软件可以用来完整地记录及展示这些
有待完成的任务。

宣言就是项目的"内容"；目标就是项目的"意义"；而工作分解结构就
是"实现方法"。

步骤1D：资源需求识别

此步骤，你要指定内外部资源——财务、人力、设备、设施、原材料和
供应商——以供工作分解结构中的每项工作之用。如图A-3所示。

步骤	财务支出	内部人力资源	设施设备物料
6. 广宣资料及网站更新	$35 000：营销公司 $15 000：印刷 $25 000：网站设计	专业人员：25人·天 行政人员：6人·天	无

图A-3　步骤1D：识别资源需求

有各种评估工具和程序可用于协助配合本步骤。

项目规划

步骤2A：责任指派

本步骤，你要加入参与者的维度，包括：

● 具备技能、知识、信息、经验的，可承担工作分解结构指定的各项任务的人

　● 可提供资源的人

　● 有必要支持、批准或投身于各项任务的人

为确保每个人都知道谁是带头人，你要突出显示各项活动的主要负责人，如图 A-4 所示：

更加细节的活动可以填入各个格子中，但通常细节信息在工作分解结构中会置入下一层级。如，"1.1 战略定位开发"可以展开为：

1.1.1 使命宣言创建

1.1.2 未来产品范畴及产品区隔制定

1.1.3 未来市场范围及市场细分制定

1.1.4 未来竞争格局推断

1.1.5 未来竞争优势识别

工作分解结构条目	执行团队	营销副总	市场分析师	客户委员会
1.1 战略定位开发	确定战略定位	提供建言	提供市场分析及竞争分析	提供反馈
1.2 品牌属性识别	批准	开发与建议		提供建言
1.3 品牌个性主张精简版创建	批准	分析与建议	生成多个品牌个性宣言文案，以供斟酌筛选	提交

图A-4　责任指派

在此步骤，你要评估其他个体和部门的资源占用情况，既要确保本项目的责任不缺失，又要确保其他工作的责任也不受损。

步骤2B：交付物排序

工作分解结构仅仅展示了要干什么，但并未说明何时要完工。想要在指派责任之前就确定时效，未免有些不够成熟。当各项任务的先后顺序明确了之后，你再确定并标示出：

- 前导活动
- 同步进行的活动
- 各活动的标准时长和滞后时间
- 构成关键路径的各个活动

图 A-5 是示例的继续：

工作分解结构条目	完成时间	先后关系
1. 品牌内涵提萃	3天（作为整体战略制定时长的一部分）	无
2. 口号及图形设计	1天	接步骤1
3. 品牌内涵及理念内部沟通	30天	接步骤2

图A-5　步骤2B：交付物排序

在许多项目中，此时正需要可将活动顺序图示化的所谓"网络图"。它对突出显示"关键路径"上的关键步骤很有帮助。

步骤2C：交付物排期

在此步骤，你可以将日期添加到活动顺序上。如，项目的开始和结束时间，以及之前完成的各步骤作为本步骤的输入。

对大多数项目而言，甘特图或其他图形有助于显示每一个活动的开始日期和结束日期，参见图 A-6。

编号	任务名称
0	招聘、入职、培训流程设计
1	1.1 招聘计划和流程创建
2	1.1.1 各岗位招聘计划制订
9	1.1.2 个体角色定义与商定
12	1.1.3 详细招聘计划与预算商定
19	1.1.4 持续招聘流程开发
23	2.1 入职流程部署
31	3.1 培训计划及流程开发
32	3.1.1 完成TNA面试
37	3.1.2 培训计划定义与商定
41	3.1.3 培训供应商识别与选择
42	3.1.4 启动核心培训
43	3.1.5 培训流程部署

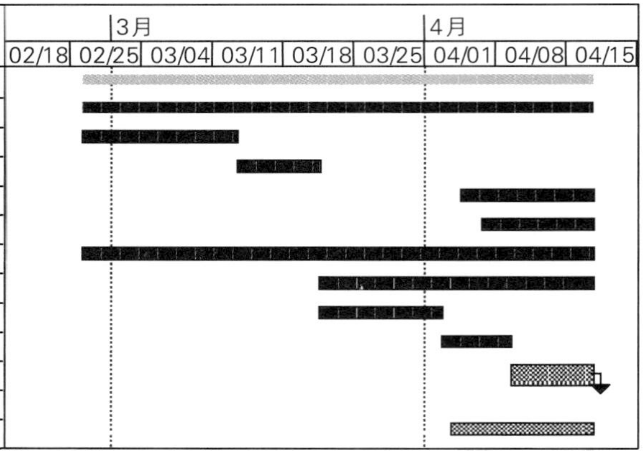

图A-6　步骤2C：交付物排期

步骤2D：资源排期

在识别出了资源、设定了日期之后，你现在需要将资源和日期匹配。本步骤的产出是员工工作日历上为具体活动所预留的排期。你可以和员工个人一起来排期，也可以和他的经理一起排期。不过，你需要评估个人的整体资源占用，以确保他们工作既不超负荷，又不欠饱满，并适时调整。如果预排的员工变得没有时间，你要做替换、外部或变更项目排期的安排。

步骤2E：计划保护

或许，你征求了所有关键人物的意见与建议，并严格地按照前述的 8 个步骤制订出了计划；或许对这类项目，你也颇有经验与心得。但你的计划并不是所向披靡、无敌于天下的。即便是结构超级完美，设施、设备超级完备的建筑，也要投保。所以，计划一旦设计完备，在开始执行前，你需要回答以下的、构成流程核心的所谓"潜在问题分析"的提问[1]：

- 可能侵蚀项目绩效、项目时效和项目预算的是些什么？(潜在问题)
- 导致这些潜在问题的会是些什么？(可能的原因)
- 我们该做些什么来避免这些潜在问题的发生？(预防措施)
- 我们做好了哪些方法措施以最大限度地降低问题发生的危害？(应急措施)
- 何事何时应该启动应急预案？(触发条件)

图 A-7 给出了一个例子：

---

[1]　查尔斯·凯普纳，本杰明·特里格.《新理性经理人》，普林斯顿研究出版社，1981。

潜在问题	可能原因	预防措施	应急措施	触发条件
高管团队就品牌特征无法达成共识	√ 不理解此事的目的 √ 对最突出的特征有不同看法	√ 在讨论之前，请营销公司培训高管团队 √ 邀请引导师来引导共识的达成	CEO考察所有候选方案后最终拍板	战略出台后3天内仍不能达成共识时

图A-7　步骤2E：计划保护

在关注负面因素、最小化风险之外，你还要回答以下"潜在机会分析"[①]的问题以使收益最大化：

● 本项目可能会带来哪些额外的收益？换句话问，在步骤1B所列出的目标之外，还有机会达成哪些目标？（潜在机会）

● 哪些因素会创造出这些机会？（可能的原因）

● 为促成这些机会的出现，我该做些什么？（促进措施）

● 当机会来临时，我们要做哪些准备以确保收益最大化？（利用措施）

● 哪些事实会告诉我们机会在敲门？（触发条件）

图 A-8 给出了一个例子：

潜在机会	可能原因	促进措施	利用措施	触发条件
品牌重塑会强化同A类客户的关系	将客户委员会纳入品牌重塑流程	将客户委员会的参与正式纳入流程中（在尊重他们时间的前提下）	客户经理安排约见，识别当前尚未满足的需求，并构思产品以满足这些需求	通过正式或非正式听取A类客户意见的方式，对他们所给予的产品与服务上的支持表达由衷感谢

图A-8　步骤2E：计划保护（续表）

---

① 查尔斯·凯普纳，本杰明·特里格。《新理性经理人》，普林斯顿研究出版社，1981。

潜在问题与潜在机会分析，通常会让你增加或变更计划中的步骤。工作分解结构也需要调整，以纳入要采取的保护措施、促进措施，以及要准备的应急措施、利用措施。这些活动与措施，日期时间或需调整。例如，上述的应急措施一旦触发，就不得不暂停品牌聚焦营销举措，直到品牌特征决策制定出来。

项目执行

步骤 3A：实施启动

在厘清了角色及行政管理需求、与利害干系人共同构建出工作基本原则、制定出监控及问题解决的协议规则之后，项目便可正式启动了。

步骤 3B：项目监控

在本步骤，项目经理及其他参与人员要持续关注项目的绩效结果、时间进度和成本耗用。无论何时，项目团队及其他利益团体都应该知晓项目进展。在这个步骤中，项目经理不仅仅是记录或报告进度，而应该积极寻找潜在问题和机会，并采取行动。第 8 章曾专门讨论过如何管理报告。

步骤 3C：项目调整

即便是定义完整、规划完善的项目，也需要修改调整，因为，项目发起人职位有可能会变更、资源会变得不可获取、其他项目的优先级或被置顶、不可预见事件（内外部的）会发生。项目不是靠其是否按计划原模原样地执行来衡量成功，而是靠其是否在预算内按时交付预期成果来衡量成功的。为臻于这个境界，你将不得不在整个过程中数度修改项目。

步骤 3D：结案评估

一旦项目达成了预期成果，你可能就立刻将之抛在脑后，去迎接下一个挑战了。太多的项目是慢慢褪去，而非正式结束的。你应该充分沟通项目结案信息、规整财务及行政资料、作述职报告、回答质询、记录经验教训，最后再庆功。

在整个结案中，"经验教训"部分尤为重要，但却常常被忽视。你需要锱铢必较地采集对将来的项目有借鉴作用的任何事物与细节，并广而告之。在结案评估步骤，你要回答以下问题：

- 是否所有的利害干系人——尤其是目标受众和项目的其他"客户"——都认可目标已达成？
- 项目是在计划时间内完成的吗？如果不是，为何超时？
- 项目是在预算内达成的吗？如果不是，为何超预算？
- 项目发起人和项目经理尽到了应尽的角色责任吗？
- 项目组成员做出了应有的贡献吗？
- 项目组成员的分工合作做得如何？
- 项目期间的上下级与平级的沟通效率与效果如何？
- 你对这类项目的心得体会和经验教训有哪些？
- 你对在此种环境中执行项目的心得体会和经验教训有哪些？
- 在此项目中，我们获得了哪些能力？我们该如何利用这些能力去实现我们的战略目标？

项目沟通

正如图 A-2 所示，"项目沟通"应该构建在各阶段的每个步骤之中。有些沟通，可以借由文档来实现，有些则需要面对面的交流。这些见面的会议——正式的和非正式的、面对面的或远程的——往往会涉及项目发起人、项目组员、目标受众、其他利害干系人、与主题相关的专家，以及有类似项目经验的人。本步骤旨在确保每个人都在关注同一个议题、讨论同一个问题，以便发现瑕疵和潜在的问题，并实时洞悉事态进展。

准确而便于理解的适时沟通，是战略执行的关键要素。它可以弥补附录列出的许多步骤的缺点。

创建你自己的项目管理流程

你的员工若能明智地使用这个通用的项目管理框架，那么你将会看到，他相关项目定义、项目规划和项目实施方面的能力会得到大幅提升。但是，这种个体行为的改变，并不足以满足你所期望的，以成功达成企业战略为目的的全组织绩效提升的要求。很有必要在实际业务流程的场景中，运用这些工具来定义并部署项目决策制定、项目可视化以及项目控制。为达成这个目的，我们推荐以下方法：

1. 识别项目管理流程优先推行的领域。你的项目组合（参见第 3 章）将帮助你确定你所要规范化管理的举措，属于哪个类型。例如，如果在项目组合中有诸如关闭一项业务或提升一种能力这样的"一次性"项目的话，那么一条以"定义—规划—实施"为主，附带必要监控的简单流程就足够了。如果项目是重复类型的——诸如产品开发与商品化、营销活动设计与部署、信息系统设计与安装——则只有靠"可复制阶段"的开发来获益。

2. 就项目管理工具包达成共识。要让你的项目团队不仅使用本附录中推荐的通用流程，还要在每个步骤中使用通用工具。譬如，要统一"开发工作分解结构"（步骤 1C）和"责任指派"（步骤 2A）的固定格式。采用最佳实践工具包，可确保：（1）跨项目与跨部门的平顺沟通；（2）查看项目状态报告的高管能迅速读懂并提有价值的问题。

3. 定义未来流程。在此，你需要确定每一个重复性项目（在第一步中被你识别出来的）处在哪个阶段。可复制阶段会简化项目报告和项目控制（在第 8 章中讨论过）。如，下述的项目大都有类似的生命周期阶段：

营销项目

- 创意确认
- 概念设计
- 概念开发
- 营销方案启动

产品开发项目

- 市场评估
- 经济性评估
- 产品构造及测试
- 产品发布

软件项目

- 系统分析与设计
- 解决方案设计与构建
- 解决方案测试
- 签收交割

这些只是大的标题而已。实际上，强健的流程——诸如"新产品开发的阶段协议"① 就可供多种重复类项目使用。要想部署成功，就需要基于这些标准化的流程在你的企业中定制。

在大型项目中，将生命周期的每个阶段视为一个独立的项目是有益的。图 A-9 中的模型是为我们的一家药企客户所研发的。它展示了：（1）项目产生（参见第 2 章）和定位（参见第 3 章）的初始步骤；（2）项目各阶段（定义—规划—实施）的流程；（3）项目结案。

---

① 罗伯特·G. 库珀.《赢在新产品：加速从创意到发布的过程》，第 3 版。纽约：珀尔修斯出版公司，2001。

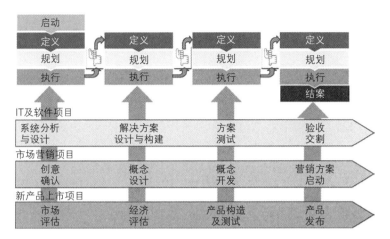

图A-9 项目多阶段执行

4. 规划并执行流程推行工作。在这最后一步，你的高管团队在征得其他人的广泛意见与建议之后，创建了一个宏大的计划来实施针对每个新项目的管理流程。该计划不仅包括新流程的推行和控制文件，还包括政策、资源、信息系统、岗位职责、技能、奖励机制的变革。无论变革的性质与范围如何，这份计划的关键产出是要向所有利害干系人充分沟通"是什么"、"为什么"和"怎么做"。

附录 B

举措执行的诊断

战略执行的"健康计划"中,饮食和锻炼是两个重要维度。我们建议你做一个全面体检,以便设定配餐及锻炼的基准和优先序。本附录旨在运用本书给出的框架,来:(1)诊断战略执行的绩效;(2)识别战略执行缺陷的原因;(3)指引你运用本书所提供的思路、案例和工具,消除战略执行缺陷。

我们所设计出来的一系列提问,是为了帮助你识别:

- 优势领域
- 始终表现不佳的领域
- 从未涉及的领域
- 虽非薄弱但具风险的领域

项目成果是否符合预期?

◎我们在战略执行上,尚无卓越表现。

◎对战略执行的结果,我常常很失望。

◎即便达成了预期目标,但战略与战术项目往往是要么超期,要么超预算。

◎我们表现不一,某些举措(如并购和产品发布)趋向顺利,而其他举措(如营销活动和招聘)就不理想。

◎我对举措的掌控力,远不如对日常运营的掌控力。

◎我找不出项目绩效缺陷的原因。

如果你勾选了上述条目中的任何一条,那就需要回答下述问题,对举措部署排障。下述问题涉及图 B-1 所示的,本书提及的所有战略执行成功因素。

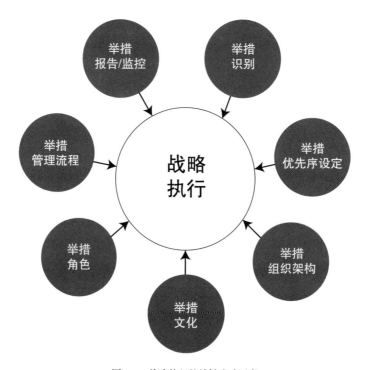

图B-1　战略执行的关键成功因素

所启动的项目是否必要?

◎我们启动了有助于高效执行战略的一系列举措。

◎我们将项目作为运营改善的引擎。

◎即便是资源密集型项目,我们也会依据业务的需要而启动,而绝不受发起人的个人意志、权势和谈判技巧所左右。

◎项目启动是慎重官宣的,绝不"碰巧撞巧"。

◎审批流程不会挫伤人们贡献举措提案的积极性。

上述任何一条若未勾选,你可在第 2 章中找到思路和工具。

项目组合的项目数及配比是否恰当？

◎我们有可控的举措数量和范围。

◎我们了解项目容量（如，每月有多少工时可投入特别项目，而不侵蚀日常运营）。

◎无论是战略举措，还是影响面不大的项目都获得了应得的资源（包括高管的重视）。

◎项目的优先序会做必要调整，但不会过频。

◎我们按原则持续聚焦必要的举措（不会被新项目或"回归本源"式强调运营的运动所干扰诱惑，而舍弃正在实行的举措）。

◎举措一旦失去现实意义，我们会果断取消，而非任其油尽灯枯。

◎高管定期盘点项目组合，靠战略准则来确保我们做着正确的事。

上述任何一条若未勾选，你可在第 3 章中找到思路和工具。

我们的组织架构是否支持最优举措执行？

◎我们有一个用于项目监督、控制和报告的"票据清算中心"，即举措中心。

◎我们为项目的提出、定义、排序、排期、配岗、部署、监控、结案全流程指派了合适的流程拥有者。

◎有专人负责相关项目的"节点连接"（如，确保营销举措与订单交付举措协调一致）。

◎有专人或团队负责侦测并揭示跨项目冲突（如，两个项目征用的资源发生冲突，或某优化项目会导致另一个项目的次优）。

◎有专人或团队负责为高管提供所有项目组合的绩效全景图（即所有举措的俯瞰图）。

◎有专人或团队负责测量"举措文化"的体温，并将任何缺陷问题汇报给相应的处置者。

◎有专人或团队负责记录和归档项目经验与教训。

◎我们不容许项目办公室沦为官僚式的监督部门，那只会妨碍，而不会支持、优化举措绩效。

上述任何一条若未勾选，你可在第4章中找到思路和工具。

我们是否有举措友好的文化？

◎各级人员都将战略举措视为驱动我们前进的引擎，而非产品生产与客户服务等实际业务的干扰因子。

◎项目若按时在预算内达成目标，那么发起人、项目经理以及组员都会获得积极评价；若项目未达预期，或所耗资源超限，那就会受到负面评价。

◎有才华的员工都在积极寻找机会为举措做贡献（就如发起人、项目经理和组员一样）。

◎员工会定期收到明确而客观公正的，自己在举措中的绩效反馈。公司的绩效评价体系和非正式的日常信息反馈，对项目实现了全面覆盖。

◎被指派为项目经理或项目组员，通常意味着获得了信任。项目经理往往被视为现任或候任领导者。

◎我们培养项目贡献者以获得角色担当所需的技能。

◎我们有一种孵化"臭鼬工厂"项目（由热衷者利用私人时间私下摆弄的未获批准的举措）的文化。

上述任何一条若未勾选，你可在第5章中找到思路和工具。

我们是否设定了恰当的项目角色？

◎高管扮演着恰当的举措发起人角色。

◎我们选拔"超棒超炫"的，而非对日常运营无足轻重的人进项目组。

◎项目经理明白自己该扮演哪些角色、不该扮演哪些角色。

◎项目组员明白自己该扮演哪些角色、不该扮演哪些角色。

◎当被问及某举措的情况时，目标受众成员（所有受项目结果影响的人）都：(1) 知晓举措正在推进；(2) 明确举措的意图；(3) 能解读项目对自身的意义；(4) 认同项目将带来积极影响。

◎当员工在项目组兼职时，我们会采取行动确保他们能合理分配项目职责及非项目职责。我们能确保工作负荷的失衡既不会对举措，也不会对日常运营产生负面影响。

上述任何一条若未勾选，你可在第 6 章中找思路和工具。

我们是否有稳健可行的举措管理方法？

◎我们开发或采用了一套贯穿项目定义、项目规划、项目执行、项目结案全程的流程。

◎我们的举措管理流程足够稳健，可应付复杂项目需求，但对各层级的项目贡献者而言又易于理解、便于使用。

◎在执行举措管理流程方面，我们做得很棒。

◎我们善用项目管理软件。

◎我们有全组织共同的方法和语言实施项目管理。

◎项目都始于通盘筹划，而不会冒失鲁莽行事。我们不会将行动等同于产出。

◎我们的工作分解结构（活动的定义及其交付物的定义）详略得当（既不会太笼统而不便于指导，又不会太细琐而有碍于实践）。

◎我们给予项目——尤其是战略举措——以应有的资金支持，以助其达成预期成果。

◎不会因应对本可预见的内外部事件或情势，而经常将举措搁置一边。

◎我们从项目中学习。例如，每当开发产品或实施 IT 系统时，我们都会吸取之前同类举措的经验教训。

◎举措不会因频繁而冗长的会议而陷入停滞。

上述任何一条若未勾选，那么你可在第 7 章及附录 A 中找到思路和工具。

我们是否高效地监控和报告举措绩效？

◎我和高管同人了解正在推进的项目有多少、耗用的人力和财力是多少。

◎高管团队都深入一线，洞察项目进度。项目状态信息随时可调可查。

◎我们会及早掌握哪些项目达不成目标、哪些项目会延期超时、哪些项目会超预算。

◎项目状态报告的主要目的是为高管提供事实，做中期修正，并非为互相抱怨、剖析与保护、究责与补救提供论据。

◎项目状态报告很高效。

上述任何一条若未勾选，你可在第 8 章中找到思路和工具。

其他人是否以同样的方式看待现况？

在上述领域，如果能获悉你的看法与其他高管的是否一致、与其他非高管层项目经理和项目组员看法是否一致、与那些经常作为目标受众的人的看法是否一致，将颇具价值。本附录的这套检测表，也是确定一致性的工具。如果有人指出了某项缺陷，那么他就不啻耀眼的楷模。